纪律微阅读

成云雷　孟　蝶　著

山东人民出版社·济南
国家一级出版社　全国百佳图书出版单位

图书在版编目（CIP）数据

纪律微阅读/成云雷，孟蝶著.--济南：山东人民出版社，2018.4（2021.4重印）
ISBN 978-7-209-10817-1

Ⅰ.①纪… Ⅱ.①成… ②孟… Ⅲ.①中国共产党－党的纪律－学习参考资料 Ⅳ.①D262.13

中国版本图书馆CIP数据核字(2018)第009125号

纪律微阅读

Jilü Weiyuedu

成云雷　孟　蝶　著

主管单位　山东出版传媒股份有限公司
出版发行　山东人民出版社
社　　址　济南市英雄山路165号
邮　　编　250002
电　　话　总编室（0531）82098914
　　　　　市场部（0531）82098027
网　　址　http://www.sd-book.com.cn
印　　装　青岛国彩印刷股份有限公司
经　　销　新华书店

规　　格　32开（148mm×210mm）
印　　张　7
字　　数　200千字
版　　次　2018年4月第1版
印　　次　2021年4月第3次
印　　数　15001–20000
ISBN 978-7-209-10817-1
定　　价　25.00元

前 言

习近平总书记在党的十九大报告中指出："全面推进党的政治建设、思想建设、组织建设、作风建设、纪律建设，把制度建设贯穿其中，深入推进反腐败斗争。"将政治建设、纪律建设纳入党的建设总体布局，是一大创新，凸显了政治建设在党的建设中的统领地位，突出了纪律建设这一治本之策，反映出我们党对共产党执政规律的深刻认识。

守纪律、讲规矩，不仅是新时代从严治党的要求，也是中华优秀文化的重要传统。中华传统文化中的纪律和规矩，有的以法律的形式体现出来，有的以规章的形式体现出来，还有的以家训、家风的形式体现出来，形式多样，既有制度规定，也有礼仪习俗，外在约束和内在自律相结合，规范着修身、齐家、治国、平天下等方方面面。十九大报告中指出："中国特色社会主义文化，源自于中华民族五千多年文明历史所孕育的中华优秀传统文化。"不忘初心，温故而知新，阅读中华优秀纪律文化中的经典故事，从小的方面说，可以帮助我们提高个人修养；从大的方面说，可以帮助我们净化社会风气，优化党风、政风。

全书共分九个板块：

尽责守纪：主要讲述古代官员敬业奉献、坚守职责的故事。中国古代纪律文化非常强调官员对于自身职责的坚守。尽责守纪既是对天命等神圣价值的敬畏，也是对规则、规范的坚守。

选任考核：主要讲述用人之道，包括如何选拔人才和如何考核官员。为了选拔有德有才之人参与治国理政，历代明君贤臣殚精竭虑，唯恐有所疏漏，留下了许多佳话。

秉公执法：主要讲述历代清官廉吏如何捍卫法律的公正。他们既是传统伦理的人格载体，也是法律尊严的捍卫者。他们执法严明、大公无私，最大限度地维持了传统社会秩序的稳定，为中国古代创造出辉煌灿烂的物质文明和精神文明提供了保障。

规矩准绳：既包括官员如何运用权力方面的制度规定，也包括官员衣食住行等日常生活行为中的纪律约束。守规矩、讲纪律，既是政治清明的需要，也是个人发展的需要。

廉洁自律：纪律的最高境界是“从心所欲，不逾矩”。包拯、海瑞、于成龙等一批清官廉吏，留下了不少廉洁自律的故事。自律主要表现为自我的道德约束，与外在的规范共同构筑起反腐倡廉的坚固堤坝。

家风家规：主要讲述传统家训家规对培养子女成才，

保证家族长盛不衰所起的重要作用。家风家规的出发点是维护家庭家族的有序和谐与繁衍发展，而其实际的教化功能，则包括了树立基本价值观、培养道德意识、造就人格美德等内容。

反腐肃贪：主要讲述不同历史时期如何对照规矩提倡清廉，惩治贪腐。历史表明：凡是对于腐败惩治力度大的年代，大多数长治久安；凡是贪污腐败盛行的年代，大多数国力衰微。

严明军纪：主要讲述古代的治军之道。无论是统一天下的开国帝王，还是结束战乱的军中将帅，大多重视用严肃的军纪治军练兵、带兵打仗，治军方略享誉天下。制定、培养与执行严格的军队纪律是确保军队令行禁止，一切行动听指挥，巩固与提高战斗力的重要保证。

榜样示范：主要讲述中国共产党人模范遵守纪律的故事。在党的历史上，产生过许多讲规矩、守纪律的优秀典范。在新的历史条件下，学习这些先进典型，可以帮助我们转变工作作风，更好地为民族谋复兴、为人民谋幸福。

本书同此前已经出版的《廉政微阅读》《家风微阅读》一样，继续采用“微阅读”的形式，言简意赅，见微知著，文字轻松活泼，努力给读者带来愉快的阅读体验。希望本书的出版，能够为弘扬中华优秀纪律文化贡献一份力量。由于我们水平有限，疏漏之处，也恳请广大读者批评指正，以帮助我们在今后的写作中越做越好。

纪律

目　录

纪律

尽责守纪

■ 中国古代的纪律文化非常强调官员对于自身职责的坚守。史官在书写历史时要做到秉笔直书，法官在判决时要做到刚正不阿，下级面对上级要不畏强权。尽责守纪是一种敬业精神，既是对天命等神圣价值的敬畏，也是对规则、规范的坚守。

秉笔直书

春秋时期，齐庄公与大臣崔杼的妻子私通。崔杼知道后，便设计杀害了庄公，立庄公的异母弟杵臼为君，即齐景公。崔杼任相国，飞扬跋扈，专断朝政。但他特别担心弑君之罪被写入史册，留下千古骂名。

崔杼下令将专管记载史事的太史伯找来，对他说昏君已死，若是写患病而亡，一定厚待于他，如若不然，就别怪对他不客气！说罢，崔杼拔剑，杀气逼人。太史伯抬头看了看崔杼，不慌不忙地打开竹简，提笔而书，写完将竹简递予崔杼。崔杼接过竹简一看，上面赫然写着“夏五月乙亥，崔杼弑其君光”，大怒，挥剑杀了太史伯。

按照惯例，史官世袭。于是，崔杼召来太史伯的二弟太史仲，指着太史伯的尸体恐吓太史仲，让其写庄公因患病而亡，却被太史仲拒绝。崔杼一气之下又杀了太史仲。他又把老三太史叔召来，威胁说让他爱惜自己的性命。结果，他还是照直而书。崔杼被气得七窍生烟，命人将太史叔碎尸万段，令老四太史季补缺。太史季写好后，把竹简递给崔杼，崔杼一看，依旧是那几个字，叹息一声，便让太史季退下了。

于是，史书上便有了“夏五月乙亥，崔杼弑其君光”的记载。齐国太史兄弟不畏强暴，秉笔直书，成为后世史官的典范。

董狐直笔

董狐，春秋时期晋国太史，亦称“史狐”。

国君晋灵公是个昏君。他时常从高台上用弹弓射行人，观看他们躲避弹丸的样子取乐。厨师没有把熊掌炖烂，他就把厨师杀了。

赵盾多次直言劝谏灵公改变自己的言行举止。灵公对他怀恨在心，便派鉏麑去刺杀赵盾。鉏麑潜入赵府，只见赵盾穿戴好礼服准备上朝，时间还早，他和衣坐着打盹儿。鉏麑退了出来，感叹地说：“在家里还不忘恭敬国君，真是百姓的靠山啊。杀害百姓的靠山，这是不忠；背弃国君的命令，这是失信。这两条我肯定占一条，还不如去死！”于是，鉏麑一头撞死在赵府中的老槐树上。

后来，灵公又多次派人刺杀赵盾。赵盾被逼无奈，只好出逃。当他逃到晋国边境时，听说灵公已被其族弟赵穿杀死，于是返回晋都，继续执政。

史官董狐以“赵盾弑其君”记载此事，并宣示于朝臣，以示笔伐。赵盾辩解说，灵公是赵穿所杀，自己无罪。董狐申明理由说，他作为执政大臣，在逃亡未过国境时，原有的君臣之义没有断绝，回到朝中就应当组织人马讨伐乱臣，不讨伐就未尽到职责，因此“弑君”之名应由他承当，这是按写史之“书法”纪事。对此，孔子大加赞扬，称董狐为“古之良史”。

晏子论礼

晏子，春秋时期齐国主管外交的上大夫。

齐景公嗜好饮酒。一次，景公请大臣喝酒，晏子穿着朝服来了，接受景公赐酒并行礼。景公说：“我今天很高兴，请不要行礼了。”晏子答道：“您的话错了！大臣们都免除礼节来侍奉您，我担心这不是君主想要的。如今齐国五尺高的小孩，力气比我大，也比您大，但不敢造反作乱，是因畏惧礼法。君主如果不讲礼法，就不能役使下属；下属如果不讲礼法，就不能侍奉君主。我听说，君主没有礼法，就不能统治国家；大臣没有礼法，就不会获得下属的尊敬；父子间没有礼法，家庭就会有灾难；兄弟间没有礼法，就不能和睦相处。”

景公听了，觉得自己被身边的人迷惑，竟荒谬到如此地步，就要把他们都杀了。晏子说：“您身边的人无罪。如果君主不讲礼法，那么讲究礼法之人便会悄然离去，不讲礼法之人就会纷至沓来；如果君主讲究礼法，那么讲究礼法之人便会纷至沓来，不讲礼法之人就会悄然离去。”

于是，景公让人更换酒席，换了一身衣服重新宴请晏子。晏子进门，作了三个揖，登上台阶，又行“三献之礼”。随即，晏子再行拜别之礼，准备离去，景公以礼送别，然后命人撤掉酒席，停止奏乐，说：“我这么做是为了显扬晏子的教诲。”

昭侯醉酒

韩昭侯，战国时期韩国的第六任君主。

昭侯统治前期，韩国政治混乱，法律、政令前后不一，群臣吏民无所适从。公元前355年，昭侯以法家的申不害为相，实行改革，推行中央集权的君主专制制度，主张以“术”治国。改革后，韩国内政修明，成小康之治。

一次，昭侯醉酒，不知不觉便和衣躺在床上睡着了，典衣（专门掌管国君衣服的侍从官）不在，典冠（掌管国君帽子的侍从官）担心他着凉，就找了一件衣服给昭侯盖在身上。昭侯醒后，问左右：“谁给我盖的衣服？”左右答道：“是典冠给您盖的。”大家以为国君会重赏典冠，没想到国君将典衣和典冠通通进行了处罚。处罚典衣，是因为他失职；而处罚典冠，是认为他越权。国君并不是不怕受凉，而是认为越权和失职比着凉更严重。

鲍白令之犯颜死谏

公元前221年，秦始皇统一了六国，召集全体大臣开会，问大家："古时候五帝实行禅让制，三王实行世继制，这两种做法哪种对呀？我将按对的做。"

在座的七十二位博士都不吭声。这时候，只有鲍白令之站了出来，答道："如果以天下为公，就让位给贤者。如果把天下当私家财产，就让位给自家的儿孙。所以五帝以天下为公，三王以天下为家。"

始皇帝听了，仰天长叹道："我的德行高于五帝，我要以天下为公，让谁来当我的后继者呢？"

鲍白令之答道："你实行的是夏桀、商纣之道，却想学五帝让位于贤者，这不是你能办到的。"

始皇帝大怒，说："令之，你过来！你凭什么说我实行的是夏桀、商纣之道？快说清楚，说不出道理我就处死你。"

鲍白令之不紧不慢地说："陛下大兴土木，后宫妃嫔数百，倡优过千。为了自己的享受，耗尽天下民力。你还自私，不能推己及人。你真是所谓专为个人打算的仅能自存的国君了，哪能与五帝的德行相比，以天下为公呢？"

始皇帝听了，沉吟半天，竟找不到话来回答。过了好一阵，他才说："令之的话让我当众出丑。"从此之后，始皇帝再也不提禅让的事情了。

张汤严法

张汤，杜陵人，西汉酷吏，颇得汉武帝赏识。

张汤的父亲曾任长安县丞。一次，父亲外出，让张汤看家。父亲回家发现肉被老鼠偷吃了，盛怒之下，鞭打张汤。张汤掘开鼠洞找到了老鼠和吃剩的肉，审判老鼠，最后将老鼠分尸处死。父亲对此非常吃惊，就让他学习断案的文书。父亲死后，张汤担任长安县吏。

武安侯田蚡任丞相，征召张汤做内史，负责处理案件。他与赵禹一起制定各种法律条文，务求苛刻严峻，约束官吏，得到武帝赏识，官至廷尉。

张汤每次上报要判决的疑难案件，都预先给武帝分析事情的原委，武帝认为对的，就记录下来作为判案的法规，并以廷尉的名义加以公布，颂扬武帝的圣明。如果奏事遭到谴责，张汤就认错谢罪，顺着武帝的心意。因此，张汤深受武帝信任，升为御史大夫。

张汤被诬告而死时，家产总值不超过五百金，都是所得的俸禄和武帝的赏赐，没有其他产业。张汤的兄弟和儿子们仍想厚葬他，其母说："张汤是天子的大臣，遭受恶言诬告而死，何必厚葬呢？"于是，家人就用牛拉着没有外椁的棺材薄葬了张汤。武帝知道后，说："没有这样的母亲，生不出这样的儿子。"于是，他下令追查案情，将诬告张汤的臣子尽数处死，并提拔张汤的儿子为官。

无功不封侯

西汉霍光辅政时，汉昭帝刚刚即位，还是个年幼无知的孩子。左将军上官桀与霍光是亲家，此人贪婪成性。他有个女儿刚六岁，为达到升官发财的目的，便打算让六岁的上官氏做皇后，遭到霍光反对。

上官桀转而走盖长公主的门路，如愿以偿。盖长公主是昭帝的姐姐，昭帝从小母亲就去世了，是这个姐姐把他带大，他把这个姐姐当作母亲对待。上官家族为了回报盖长公主，想将盖长公主的外宠丁外人封为列侯。于是，上官桀去和霍光商量这件事。霍光对他说："无功不封侯，这是高祖立下的规矩，谁也不能破坏。"上官桀见封侯不成，就请求封丁外人为光禄大夫。霍光严肃地说："丁外人无功无德，怎么能给他官爵呢？我身为朝廷要官，不能无视国法吧？以后这件事就不要再提了。"双方因此结怨，成为政敌。

后来，上官桀父子联合盖长公主等人，向昭帝上书诬陷霍光意图造反，并内外接应，打算一举擒杀霍光。年仅十四岁的昭帝识破了他们的阴谋，不予理睬，安抚霍光，并下令追查上书者的来历。昭帝还下令，如有上书毁谤霍光者必追究到底。

上官桀等人见无法从昭帝处下手，便决定发动政变杀害霍光，废黜昭帝，立燕王为帝。但计划败露，上官桀等人被霍光灭族。

尹翁归

尹翁归是西汉官吏，廉洁奉公，一心为民除害。

当时，一些权臣的家人及其奴仆仗势妄为，经常携带兵器在街上捣乱，但官吏们对他们却无可奈何。尹翁归当了市吏后，法治严明，这些不法之徒都被吓得老老实实，不敢胡作非为。

到东海出任太守前，尹翁归想到廷尉于定国是东海人，便去辞行，趁机了解些东海民风。正巧于定国想委托尹翁归照顾同乡的两个孩子，就让二人坐在后堂等着拜见尹翁归。可是，他和尹翁归交谈了一整天，也没敢提起此事。送走尹翁归后，他对二人说："尹翁归是当今贤吏，为人刚正，廉洁奉公，不便以私相托。况且你们两个人能力有限，我实在不好意思提出请求。"

尹翁归到东海上任后，首先细心查访民间诉讼，把官吏和百姓中的好人、坏人，以及各种违法事情都了解得清清楚楚，分县做了记载。然后亲自决断，一个县一个县地把犯罪的人都抓捕起来，根据罪的轻重，依法论处，该判死罪的坚决处死，以杀一儆百，改善社会风气。

东海郯县有个大土豪叫许仲孙，目无法纪，称霸一隅，附近的老百姓颇受其苦，历届太守都对他无可奈何。尹翁归到任后，毫不犹豫地将他判处了死刑。这一举动对全郡震动极大。从此，东海一带法治严明，秩序井然。

耄耋御史贡禹

贡禹，琅邪人，以精通经书、廉洁正直而著名。

贡禹年迈，请求告老还乡，汉元帝认为他既有伯夷的廉洁，又有史鱼的正直，且一心为民，便不批准其请求。御史大夫陈万年去世后，元帝就让贡禹承担御史大夫的重任，此时贡禹已是八十高龄。

任御史大夫后，贡禹更觉得自己要认真参与政事。他多次与元帝谈论国事得失，数十次上书，多次谏言，以其耄耋之身为民请命。

他建议修改人头税政策，男子七岁换齿时才出口钱，二十岁起再纳赋税；将各离宫及长乐宫中的卫卒减少大半，将宫中奴婢大大缩减；免去赎罪之法，无论何人犯罪，该诛即诛；选用廉洁贤明之士为官。他认为如此才能天下太平，国家强盛。

元帝对于贡禹的种种建议极为重视，不久即下诏命令民间男子七岁起上缴口钱，免去上林宫一些御者，削减建章与甘泉两宫的卫卒，将诸侯庙中的卫卒减少一半，等等。其余建议虽未被完全采纳，元帝却十分赞赏贡禹的忠贞与正直。

做了几个月的御史大夫后，贡禹便去世了。元帝为表彰他的忠心，赐钱百万，后将其子封官。次年，又下诏令曰："举荐考试官员时，定要以质朴、敦厚、谦逊、有德四者为准。"贡禹正是元帝所期望的政府官员的典范。

朱云折槛

朱云，汉成帝时的著名直臣。

成帝即位后，信任和敬重他的老师张禹，任命其为丞相。张禹便利用权势，处处为自己牟取私利。

朱云上书请求朝见。他当着满朝公卿大臣痛陈朝政积弊：“当今的朝廷大臣，对上不能匡扶皇上，对下不能有益于百姓，都空占着职位而不做事。臣请求陛下赐一把尚方斩马剑，斩一个佞臣，以此来劝勉其他人。”成帝问：“你要斩的是谁呀？”朱云答道：“安昌侯张禹。”成帝大怒，道：“你一个小官居于下位而毁谤上级，在朝廷上侮辱我的老师，罪死不赦！”御史遵旨上前，要捉拿朱云，朱云不肯就范，两手紧紧攀住殿上的栏杆奋力挣扎，竟把栏杆折断了。朱云大呼：“微臣得以和龙逄、比干在九泉之下交往，也就满足了，只是不知圣朝将来会怎样。”御史便把朱云拉了出去。

这时，左将军辛庆忌摘掉官帽，解下官印和绶带，在大殿之上叩头，说：“朱云一向以狂傲直率之名著称于世。若他说的有理，就不可诛杀；若他说的不对，也应该宽容。臣斗胆以死相争！”辛庆忌叩头流血，成帝的怒气才消解，饶了朱云。事后，宫廷总管要带人来更换被朱云折断的栏杆，成帝说：“不要换新的了，就保留这栏杆，以表彰直言敢谏的臣子！”

周举弹劾左雄

东汉顺帝时，冀州刺史周举在尚书令左雄的荐举下，由地方官擢升为尚书。按封建官场旧俗，左雄是周举的“恩师”，对周举有知遇之恩。

周举担任尚书后不久，顺帝下令选拔将帅人才。这时，左雄已改任司隶校尉，掌管纠察京师百官及京师所辖各郡的官吏。出乎意料的是，他竟受到了周举的弹劾。周举认为左雄荐举的冯直曾因贪赃获罪，于是他“以此劾奏雄”，根据这一事实上奏顺帝，揭发左雄荐举坏人，选人失当。这一“劾奏”使左雄十分震惊，大臣们议论纷纷，有人甚至认为周举是以怨报德、恩将仇报的小人。左雄也把周举的弹劾看作是对自己的伤害，后悔不该荐举周举。

周举坦言道：“现在您大概后悔荐举我到朝廷里做尚书了吧？您对我有恩，我不敢迎合您而让您蒙羞，没想到您的气度还是不够宽广啊！”左雄听了，心悦诚服地向周举赔礼道歉说：“我曾在冯直的父亲手下做事，又和冯直很要好，所以才选拔他做将帅。现在你拿这件事参我一本，这本来就是我的过错呀！”两人终于冰释前嫌，成了推心置腹的莫逆之交。

范滂检举高官

范滂，字孟博，东汉官员。

范滂的外甥李颂是西平官宦人家的子弟，经常为奸作恶，为乡人所不齿。不曾想，这家伙竟攀上了中常侍唐衡，唐衡通过郡太守宗资想为其谋取一个职位。谁知范滂认为李颂品行不好，将此事压下不办。宗资觉得没面子，十分恼火，但知道范滂的脾气，不敢惹他，便把怨气撒到起草文书的朱零身上，鞭挞朱零。朱零仰首答道："范大人清廉公正，今天我宁愿被打死，也不愿违抗范大人的命令！"宗资无计可施，为李颂谋官一事不了了之。

不久，皇上下令朝中三府属官检举问题官员，范滂毫无顾忌，一连弹劾了二十多个刺史和享有两千石俸禄的高官，尚书见范滂弹劾官员太多，疑心他公报私仇，便派人质询。范滂答道："我举奏的人都是贪污残暴的奸贼，是害人之人，难道我会以公谋私吗？因为规定的时间太急促了，所以我先举奏最紧要的官员，那些来不及调查清楚的官员，以后再慢慢审清吧。我听说农夫除去田中杂草，庄稼必然茂盛；忠臣除掉奸贼，王道才能清净。今天我若有二心，甘愿受制裁。"尚书听后无话可说了。范滂看到汉朝正处于混乱时期，知道自己没有能力改变大局，于是就辞官而去。

皇甫绩守信求责

皇甫绩是隋朝大臣，北周大司空韦孝宽的外孙。皇甫绩三岁时父母双亡，由外公收养。韦孝宽对他既慈爱又严格要求，每当皇甫绩贪玩时，都要严厉批评。

一天，皇甫绩和表兄们一块下棋，忘记了做先生布置的作业。外公知道后，按照规矩，每人打了二十大板，看皇甫绩年龄最小，不忍心打他。皇甫绩找到表兄们，求他们责打自己二十大板。表兄们一听，都笑了出来。皇甫绩说："我们都向外公保证过触犯规矩甘愿受罚，不然的话就是不遵守诺言。你们都按规矩受罚了，我也不能例外。"表兄们被皇甫绩诚心改过的精神感动了，只好打了皇甫绩二十大板。皇甫绩叹息地说："我从小没有家中长辈教训，由外公抚养成人，如果自己不努力，怎么能够事业有成。"

从此，他专心读书，阅读了大量的经史书籍，并以博学闻名天下，被当时的鲁国公宇文邕招为侍读。

周武帝时，卫刺王发动宫廷政变，皇甫绩不顾个人安危，救护了太子。武帝对皇甫绩非常赏识，让他负责保护和教育太子。

三品官见亲王不必下车

魏徵是唐朝的谏议大夫，辅佐唐太宗开创了史称“贞观之治”的太平盛世。

一次，太宗问魏徵：“什么是明君和昏君？”魏徵答道：“能够称得上明君的，特点在于兼听；被称为昏君的，特点在于偏信。”太宗对魏徵的话深表赞同。

贞观十二年（638年），礼部尚书王珪上奏说：“三品以上的官员路遇亲王，都要下马而拜，以示尊敬，这违背礼法规矩。”太宗说：“难道你们这些人只顾自己地位尊贵，而轻视我的儿子吗？”魏徵进谏说：“从古至今，亲王位列三公之下。如今的三品官员都是位列九卿和八座的高官，没有必要见亲王就下马而拜。这不是亲王所适宜承受的。”太宗说：“国家立太子，就说明他是未来的皇帝。地位贵贱，与年龄无关。假如太子没有了，未来的君主就是太子同母的弟弟。这样说来，怎么能轻视我的儿子呢？”魏徵说：“殷商崇尚质朴，有兄长去世其弟即位的礼义；自周以来，立太子必定是嫡长子，这是为了杜绝各个兄弟的私念，堵塞祸乱的根源。您是皇帝，对这样的事应该考虑周全。”于是，太宗同意了王珪的奏言。

不畏皇权

褚遂良善书法，经魏徵举荐，被任命为专门负责记录皇帝言行举止的起居郎。

一次，唐太宗问他："你每天记载朕言行的书册能否让我看一看？"褚遂良直言禀告："我的职位如同古代的史官，职责在于秉笔直书，善行恶行都要如实记录在案，只是从来没有听说过有帝王先过目审查再作记录的道理啊！"太宗才作罢。

唐宪宗时，左神策军军吏李昱借了一大笔钱，满三年不偿还。京兆尹许孟容将他拘捕，说："到期如不还钱，判处死罪。"全军大为震惊。军吏们向朝廷申诉，宪宗便派遣使臣传旨："把李昱交给神策军处理。"许孟容不予理会。使臣再来，许孟容说："我不听君命，应该将我判处死刑。然而我为陛下治理京畿，不抑制豪强，还能用什么办法来使京畿清平！钱不还清，我绝不放人。"宪宗也无可奈何，京城官民都为之震惊。

"王子犯法，与庶民同罪"，皇权虽大，也必须通过一定的法律制度来约束。"徒法不足以自行"，有了法，还需要有刚正不阿的基层执法者，如此才能开创盛世。

徐有功平反冤案

徐有功是唐朝官员，也是国子监博士徐文远的孙子。

武则天当政时，徐有功在大理寺担任司法官员。当时，酷吏横行霸道，威胁陷害无辜官民，没有人敢吭声。只有徐有功坚守法律和原则，前后被罢了三次官，共救了几十家人。

一次，博州刺史因罪被诛杀，牵涉到官吏颜余庆。武则天派酷吏来俊臣审理此案，来俊臣给颜余庆定下了谋反的罪名。在朝堂上，来俊臣向武则天汇报时，侍御史魏元忠也认为应该判颜余庆死罪，武则天下旨批准。徐有功却坚持认为颜余庆不是首犯，不能诛杀。武则天大怒，斥问："怎样才算首犯？"徐有功说："首犯就是犯罪团伙的头目，也是拿主意的人，颜余庆还算不上。"后来，武则天免除了颜余庆的死罪。

皇甫文备是武则天时的酷吏，他和徐有功曾是同事，却诬陷徐有功勾结叛贼。事情上报朝廷后，武则天认定徐有功无罪。不久，皇甫文备被他人诬告，徐有功却对照法律准备救他。有人说："他从前要陷害你致死，如今你反而想救他，这是为什么？"徐有功说："你所说的是个人的怨恨，我所遵守的是法律。怎么可以因为个人恩怨而危害司法的公正呢？"

周必大忠于职守

一次，宋代官员周必大出席宴席，与皇上议论边事。宋孝宗忧心蜀地，周必大出主意说："蜀地的人民长久贫困，希望您下诏抚慰，使他们不致造反，然后减免他们的赋税。这样就可以使这个地区安定。"他多次上书，向朝廷提建议，每次都说到点子上。

孝宗命周必大暂代给事中时，周必大敢于驳斥孝宗失当的政令，也不畏惧权贵、宠臣。有人违规提拔不符合升迁要求的官员，周必大竭力反对。孝宗说："原以为你只会写文章，没想到你如此刚强正直。"

一天，孝宗命周必大、王之奇、陈良翰到选德殿回答问题。孝宗从袖中拿出手诏，举唐太宗和魏徵的问对典故对他们说："我在位已久，但没有多大政绩，在治理国家方面有哪些经验和不足，我不太清楚，希望你们谈谈国政的优劣。"周必大如实答道："陛下练兵以图恢复中原但数易将领，是用将的法则未掌握好；选人戍守郡国而多次调换郡守，是把责任落在实处的方法不完善。各州官吏，一下子上任一下子罢职，婺州地方官四年换了五次，平江守臣四年换了四次。更有甚者，秀州一年四次更换守臣，官吏奸邪如何得以考察清楚，百姓疾苦怎么可能得到缓解？"孝宗认为他讲得很对，便革除了上述弊端。

南宋史学家袁枢

袁枢是南宋史学家，为人正直，担任国史院编修官时，负责撰修《宋史》列传。这时，章惇的后人以老乡关系，请求袁枢对《章惇传》加以“文饰”和“润色”，意在将章惇不雅的形象适当美化。

宋神宗年间，王安石推行新法，章惇是推行新法的干将。神宗去世后，哲宗即位。一开始，高太后听政，任用司马光等人，章惇等新党被尽数驱逐。后来哲宗亲政，起用新党，章惇也得以拜相。章惇上台后，把昔日的新党人士全部召还至京都，委以重任。同时，他大肆报复，尽数罢黜旧党人士。已去世的司马光，也被剥夺了爵位和荣衔，牌坊被拆，太后赐的碑文也被磨平。他甚至请求皇帝下诏掘墓鞭尸，但哲宗没有同意。章惇还报复苏轼，将其贬到岭南，之后又贬到海南。

袁枢听到章惇后人的请求，勃然大怒，说：“章惇担任宰相，既对不起国家，也对不起皇上。我身为史官，只会照直写，宁可对不起同乡，也不能对不起天下人和后人。”《宋史》列举的章惇的罪证主要有这样几项：“尽复熙丰旧法，黜逐元祐朝臣；肆开边隙，诋诬宣仁后。”当时的宰相赵雄，是撰修国史的总负责人，他听说此事后，称赞袁枢“无愧古良史”。

况　钟

明代清官况钟于宣德五年（1430年）七月到苏州任知府。苏州府赋役繁重，胥吏多是奸猾之徒，最为难治。

况钟到任之初，不动声色，暗中对属吏进行考察。况钟处理政务时，这些吏员围立身旁请他写下判词。况钟假装不懂政务，向左右属吏询问请教，一切按照属吏的意思办理。这些属吏非常高兴，认为新来的知府愚庸无能，糊涂可欺。三天后，况钟召集群吏，责问他们：“先前有的事应该做，你们不让我做；有的事不该做，你们强迫我做。你们贪赃枉法，欺上瞒下，罪当处死。”这些属吏听了，大惊失色。经过一个多月的调查，况钟当众处死了六个贪污不法的胥吏，又对苏州府管辖的官吏进行考核，“出贪墨者五人，庸懦者十余人，郡中不寒而栗”。这些属吏见况钟不仅做事坚决果断，而且很有智谋，再也没有人敢冒犯他。

随后，况钟又裁撤了一大批平庸无能的属官，还惩治了一批犯贪污罪的官员。当况钟把贪污犯和赃款押解进京时，明宣宗很重视，对众臣说：“知府是一郡的表率，身体力行必定从廉洁奉公开始。况钟肯定是廉洁之人，廉洁之后才能去贪。知府能去贪，则贪官一定会有所收敛！”果然，通过况钟的整治，苏州府的坏风气得以扭转，吏治逐渐清明，百姓也遵纪守法了。

刘统勋直言敢谏

乾隆六年（1741年），刘统勋守孝期满，被朝廷任命为都察院左都御史，负责监察朝廷官员的言行。

不久，刘统勋向乾隆帝上疏，参奏大学士张廷玉和尚书讷亲。一奏章称张廷玉晚年应当谦谨些，官员对他的责备已颇多，请求皇上三年内不再提拔重用张廷玉；另一奏章称尚书讷亲管辖吏部和户部，没有心存虔诚、集思广益。所以，请皇上给予批评，让他们反省改正错误。两个奏章呈上后，乾隆帝将二人革职，并将刘统勋直言敢谏的奏疏公开给众臣看，刘统勋由此名闻朝野。

同时，刘统勋品行高洁，拒不受贿。一次，有个捐班出身的官员夜晚敲门求见，刘统勋拒不接见。第二天早上到了办公处，他召那人来，责备说："夜晚敲门求见，正直的人是不会干的。你有什么事要报告，可在大家面前把它讲出来。即使是我的过失，也可以规劝。"听完，那人吞吞吐吐地退了出去。

刘统勋去世，乾隆帝去他家祭奠，他家的门低矮狭小，打去轿顶才能进入。乾隆帝回宫后告诉身边的官员："像刘统勋这样才不愧是真相才，你们应该效法他。"

纪律

选任考核

■ 中国传统文化中蕴含着精深的用人之道，包括如何选拔人才、如何考核官员等。中国传统社会的人才选拔经历了世袭制、荐举制和科举制等阶段。在政治清明的时代，人才选拔的标准主要是德才兼备，以德为先；官员考核，主要是赏罚分明，优胜劣汰。为了选拔有德有才之人参与治国理政，历代明君贤臣殚精竭虑，唯恐有所疏漏，留下了许多佳话。

祁黄羊任人唯贤

祁奚，字黄羊，春秋时期晋国大夫。

一天，祁黄羊向国君晋平公请求退休，平公顺便问道："南阳县令一职空缺，你看派谁去比较合适呢？"祁黄羊答道："解狐可以。"平公很惊奇地问："解狐不是你的仇人吗？你为什么要推荐他？"祁黄羊答道："国君问谁可以当南阳县令，并没有问谁是我的仇人呀。"于是，平公任命解狐为南阳县令。他到任后，果然为南阳百姓办了不少好事，广获赞誉。

过了一段时间，中军尉羊舌职去世，平公又对祁黄羊说："现在国家缺一个中军尉，你看谁适合去担任这一官职呢？"祁黄羊毫不犹豫地推荐了儿子祁午，平公大为惊讶地说："祁午不是你的儿子吗？"祁黄羊从容答道："国君问我谁可以当中军尉，并没问我谁是我的儿子呀。"平公连连点头，说："好！"于是，他任命祁午为中军尉。祁午上任后，尽心尽力地工作，军队纪律严明，受到大家的称赞。

后来，孔子对此事评论道："祁黄羊举荐得太好了！他外举不避仇，内举不避子，可以称得上公正无私了！"

李克荐良相

东周时期，魏文侯对大夫李克说：“先生曾说过，家贫思良妻，国乱思良相。你觉得魏成和翟璜两人谁更适合做相国呢？”李克答道：“品评大臣的方法是平时看他所亲近的人，富贵时看他所结交的人，显赫时看他所推荐的人，穷困时看他所不做的事，贫贱时看他所不取的东西。仅此五条，就足以去判定谁更适合，又何必来问我呢！”文侯说：“先生请回府吧，我已经选定相国了。”

李克离去时，遇到了翟璜。翟璜问：“国君今天向你征求相国人选，最后到底定了谁呢？”李克答道：“魏成。”翟璜立刻愤愤不平地说：“西河守令吴起，是我推荐的。国君担忧邺县，我推荐了西门豹。国君想征伐中山国，我推荐了乐羊。中山国被攻克后，没有人去镇守，我推荐了先生。国君的公子没有老师，我推荐了屈侯鲋。就这些事实而论，我哪点儿比魏成差？”李克说：“你把我推荐给国君，难道是为了结党以谋求高官吗？我推断国君定会选魏成为相，是因魏成享有千钟的俸禄，十分之九用于公务，十分之一留作家用，所以向东得到了卜子夏、田子方、段干木。这三个人，国君都奉为老师，而你所举荐的五人，国君都任为臣属。你怎么能和魏成比呢？”翟璜听后，迟疑徘徊，一再行礼说：“我翟璜真是个粗人，失礼了，愿终身为您的弟子！”

毛玠荐官

毛玠，字孝先，陈留郡平丘县人，年轻时在县里做小吏，以清廉正直著称。他是三国时期曹操幕下的重要谋臣，多次担任要职。曹操任司空、丞相时，毛玠曾做过东曹掾，与崔琰一起主管人才选拔工作。

毛玠推荐任用人才的标准是清廉正直，尤其注意提拔出身贫寒且有德才的士子。为了避免有人送礼求情，毛玠直接在家门口贴上“谢绝会客”四个大字，谁也不见。他力求以俭朴作风去引导别人，于是天下士人无不以廉洁的操守来自我勉励，即使是显贵得宠的大臣，车马服饰也不敢超越礼制。曹操感叹地说：“用人都像毛玠这样，使天下人自己治理自己，我还有什么可做的呢！”

曹丕做五官中郎将时，亲自去见毛玠，托他任用自己的朋友为官。毛玠答复道：“我因为能够恪守职责，才幸而得以免于获罪。现在您所推荐的人不合升迁的规矩，因此我不敢奉行您的命令。”曹丕一听，立刻面露不悦。毛玠说：“朝廷用人的原则是任人唯贤，不能因为你是曹操的儿子就徇私枉法。”曹丕见自己的威胁对他没用，只好怏怏不乐地离开了。

科举制度始于隋代

隋文帝即位后，为了加强中央集权，打击士族门阀，于开皇末年实行科举制。

隋代的科举考试，荐举和策试并行。准备参加考试的士子可以向地方官员自荐，地方官员从自荐的士子中选择优秀者送往朝廷参加策试，而考试最终以策试的成绩作为录取的标准。

就选拔标准来说，开皇七年（587年）正月，文帝曾下诏令每州每年向朝廷推荐有才学的贡士三人，推荐的标准是"文章华美"。开皇十八年（598年），又令五品以上京官以及总管、刺史，以"志行修谨""清平干济"二科推荐人才。

就考试的种类来讲，文帝时设秀才、明经科。其中，秀才考策试和杂文两部分。策试主要考核对国家政治生活的见解，难度较大，每次考试及第的人很少。明经科主要考核对儒家经典的记忆和理解，录取的人数较多。隋炀帝时又增设进士科，进士只考策试，尤其重视实际行政能力，被录取者成为官吏的主要来源。

隋代的科举制将为官与读书、考试相结合，革除了只看门第不论德才的用人弊端，给予地位较低的庶族知识分子以相对公平的竞争机会，比之"上品无寒门，下品无士族"的魏晋时期，其历史进步性不言而喻，堪称"中国传统社会人才选拔历史上的里程碑"。

唐太宗公正用人

唐太宗李世民是中国历史上最伟大的皇帝之一，在用人时不论亲疏，按才授职。

贞观二十三年（649年），太宗决定对开国功臣论功行赏，命陈叔达在宫殿中唱名公布，并说：“朕分等级排列你们的功劳赏赐，如有不当之处，可以各自申明。”

太宗的叔叔淮安王李神通说：“我在关西起兵，首先响应义旗，而房玄龄、杜如晦等人只是捉刀弄笔，功劳却在我之上，我感到难以心服。”太宗说：“叔父首先响应义旗是实情，但也是为了躲避灾祸。后来，你跟窦建德、刘黑闼交战，每次都打败仗。而房玄龄等人运筹帷幄、决胜千里，使大唐江山得以安定，论功行赏，功劳自然在叔父之上。”众位将领议论道：“陛下如此公正，即使对皇叔淮安王也不徇私情，我们这些人怎么敢不安本分呢。”大家都心悦诚服。

太宗有一帮老部下，得到的封赏还不如原先李建成和李元吉的部下，因此心怀不满，托房玄龄说情。太宗说：“设官吏定职守是为了百姓，理应选择贤才加以任用，怎么能以新人旧人来作为选拔人才的先后顺序呢！如果新人贤能，故旧不才，怎么可以放弃新人而只取故旧呢！现在你们不论其是否贤能而只是怨声不断，这岂是为政之道？”

太宗用人公正是“贞观之治”得以形成的重要原因。

唐玄宗考绩

唐玄宗李隆基是唐朝在位时间最长的皇帝，亦是唐代极盛时期的皇帝，非常重视官员的考核。

开元三年（715年），玄宗明确规定：官员不能随随便便提拔人，朝廷的职位和名分，不可轻易送给没有才能的人。他决心选贤任能，量才授职，整饬吏治。

玄宗特别重视县令的选任。据《资治通鉴》记载，开元四年（716年），有人向玄宗报告了当年县令的选用情况，说："今年吏部在选拔和考核人才时滥选现象严重，朝廷内外影响很坏。"玄宗听后，非常吃惊，把所有新选的县令召集至宣政殿前，亲自出题考试，考查其是否通晓经国治民之道，将其中不合格的四十多人罢官。同时，玄宗还颁布了《整饬吏治诏》，规定每年十月朝廷委派各道按察使对刺史、县令的政绩进行考查，分为最、中间、殿三等，依次定为优劣，作为改转升降的依据。

据《唐会要》记载，开元二十四年（736年），玄宗曾下过一道诏书：州县一级的官员，与朕一起治理天下，贡献很大，应该增加考核等级，在加官晋爵的时候应该同京官一视同仁。这说明玄宗本人一点没有把县令当芝麻官看待，而是当作和自己命运相连的执政统一体。玄宗此举，提高了州刺史和县令等地方官员的地位。

宋璟刚正不阿

宋璟是唐朝名相，公正无私，刚直不阿。

开元七年（719年）冬，各地的候选官员云集京城，听候选拔。唐玄宗想趁此机会亲下敕书，越过吏部的正常考核，将其妻舅岐山县令王仁琛提拔为五品官，到朝中任职。这一做法遭到了宰相宋璟的极力反对，他上奏说："用人应该公正无私，唯贤不唯亲。对那些皇亲国戚可以适当照顾，但不能无止境地照顾。让王仁琛当岐山县令，就已经照顾他了，如果硬要提拔他，既不合任人唯贤的原则，朝野也会议论纷纷。希望陛下把这件事交给吏部，对他进行公开考核，再根据考核的结果，决定提拔与否。"玄宗认为宋璟出于公心，说得合情合理，就采纳了宋璟的意见。

同一年，宋璟的堂叔宋元超作为一名候选官员来到京城。一到京城，他就到处自称"宰相宋璟叔父"，觉得朝中有人好做官，弄个一官半职十拿九稳。宋璟听说后，给吏部写了封信，表明自己的态度："宋元超的确是我的一个堂叔父，我不能否认这层关系，但我不能因为他是我的叔父而照顾他。如果他不挑明这层关系，尚可按规定由吏部考核，决定安排与否；他既然说出是我叔父，企图走我的后门，通过不正当的手段当官，这有违官德，请取消他的提拔资格，以示惩戒。"宋元超弄巧成拙，自讨没趣，只好怏怏而归。

郭子仪推荐李光弼

唐朝大将郭子仪，没成名前曾在朔方节度使手下当牙将。其间，名将李光弼也在那儿做牙将。两人性格不合，经常吵架。

安史之乱爆发后，太子李亨即位，任命郭子仪为大将，让他带兵平叛。郭子仪举荐李光弼和自己一起出征。大家很不理解，郭子仪解释说："李光弼脾气虽然有点倔，但在大事上很正直，而且有军事指挥才能，当初我和他闹矛盾，都是一些非原则性的小事，看人要从大处看，不能从小事上看。"后来，李光弼果然屡建奇功，为平定安史之乱立下了汗马功劳。

唐代宗时，任命郭子仪为尚书令，郭子仪恳辞不受。代宗又命五百骑兵持戟护卫，催促他到官署就职。郭子仪仍不肯接受任命，说道："太宗皇帝曾任此职，因此历代皇帝都不任命此官。太子任雍王时，平定关东才授此官，怎能因偏爱我，就违背重要规定。而且平叛以后，冒领赏赐的人很多，甚至一人兼任几职，贪图升官不顾廉耻。现在叛贼基本平定，正是端正法纪审查官员的时机。"代宗无奈，只得应允，并将他辞谢的事迹交给史官，记入国史。历代立下大功的大将，大多数不得善终，而郭子仪却安享富贵并传之子孙，这与他胸怀宽阔有很大关系。

裴光德不徇私情

裴光德在唐僖宗时曾任宰相。他身居高位后，对老朋友仍然有情有义。他有一位老朋友，官职也不小，从远方来拜访他。裴光德热情周到地招待他，言行举止自然亲切。朋友也很随意，无拘无束。他没有因为自己的身份地位变化，而改变对老朋友的态度。裴光德的这种注重情谊的品德，在那“一阔脸就变”的封建社会里，是很值得称道的。

老朋友此行是想向裴光德求官，希望他利用手中权力帮助自己谋得京府判司一职。裴光德没有因为是老朋友的事情就揽下来，而是郑重申明：“你确实是个有能力的读书人，但这个位置和你的能力不匹配，我不敢因为我们的私人关系，败坏朝廷的纲纪。今后如果有宰相负责选人，把你安排到这一位置，他定是位不称职的宰相。我一定不会帮你这个忙。”

裴光德把朝廷的纪律看得比老朋友的感情更重要，坚持任人唯贤唯能而不唯亲的做法，不愧为不徇私情的一代名相。

赵普荐官

宋朝开国功臣赵普，性格沉稳有城府，虽然很爱嫉妒别人，但能够以天下为己任。宋太祖信任赵普，赵普也敢于在太祖面前坚持自己的意见。

一次，赵普向太祖推荐一个人做官。接连两天，太祖都没有同意。第三天赵普上朝时，又送上奏章，坚持要太祖同意他的推荐，这下可触怒了太祖。太祖一气之下，把奏章撕了扔在地上。赵普面不改色，跪在地上，不慌不忙地把扯碎的奏章捡起来，放到袖子里。退朝回家以后，赵普把扯碎的奏章粘接起来，过了几天，又在上朝时把它交给了太祖。太祖方才醒悟，终于任用了赵普推荐的那个人。

还有一次，赵普要提拔一名官员，太祖不予批准。赵普像之前一样坚持自己的意见。太祖说：“我就是不准，你能怎么样？”赵普说：“提拔人才，都是为国家着想，陛下怎能凭个人的好恶专断！”太祖听了，气得脸色煞白，一甩袖就往内宫走。赵普不能入宫，就一直站在宫门外，过了很久，太祖终于同意了赵普的请求。

陈执中公正用人

陈执中因父亲陈恕的功绩，任秘书省正字，多次升迁，至卫尉寺丞、梧州知州。宋真宗时期，权臣曹利用的女婿卢士伦被任命为福建转运使，害怕路程遥远不去赴任，曹利用替他求情，于是改任京东转运使。陈执中因为这件事弹劾曹利用，结果遭到了报复。曹利用公报私仇，把陈执中外调为汉阳军知军。等到曹利用获罪，朝廷才让陈执中复出。

宋仁宗时期，陈执中担任宰相。女婿想向他谋求官职，陈执中对他说："官职是国家的，并不是房间里的东西或箱子里的物品，你又怎么能这样得到它呢。"终究没有答应。上朝的时候，谏官多次向仁宗上奏说，陈执中不学无术，不适合做宰相，然而仁宗却更加器重他。

后来谏官当面对仁宗说："陛下之所以器重陈执中而不派人替换他，难道是因陈执中曾经在先朝提议立您为太子吗？然而当时先皇只有两个儿子并且周王已经去世，要立太子除了陛下您还能有谁呢？陈执中有什么功劳啊？"仁宗答道："不是那个原因，而是因为陈执中从来不欺骗我。"

包拯三弹张尧佐

北宋名臣包拯曾因用人问题，多次向宋仁宗忠言直谏。

张尧佐是仁宗的宠妃张贵妃的伯父。此人才具平庸，自恃仁宗宠爱张贵妃，便贪得无厌，一再向朝廷要官，遭到朝臣非议。皇祐二年（1050年），仁宗再次提拔张尧佐，任命他为三司使，掌管全国的财政大权。一时间，朝野震惊，舆论哗然。

包拯知道后极力反对，立即向仁宗上书弹劾张尧佐，说："像张尧佐这样的平庸之辈，就连芝麻小官也没资格做，更不用说三司使这样的大官了。再者，他因贵妃得宠而跻身要职，再做三司使或会在朝中埋下外戚篡权的祸根。"他请求罢免张尧佐，仁宗迫于压力，罢免了其三司使之职。但不久后，仁宗任命张尧佐为宣徽南院使和淮康节度使。包拯非常痛心，第二次上书反对。仁宗非常恼火，感到自己连个亲戚也任命不了，一气之下对张尧佐大封特封，使他一下子身兼群牧制置使、宣徽南院使、淮康节度使、景灵宫使四个要职。张尧佐一身任四使，在北宋外戚史上是空前绝后的一次。

包拯再次奏本弹劾，并当面斥责仁宗的偏执之过。他因为言辞激烈，连唾沫星子都溅到了仁宗的脸上。仁宗迫于强大的舆论压力，只好免去张尧佐四职中的两职，同时规定外戚不得干预朝政。

朱棣重用夏原吉

夏原吉，字维喆，湖广湘阴人，明初重臣，掌管明朝财政二十七年，为官清廉贤明，朝廷倚为砥柱。

建文帝朱允炆即位后，夏原吉任户部右侍郎。1399年，燕王朱棣发动“靖难之役”进驻京城时，夏原吉浑然不知，在值房“上夜班”，连夜点算城防所需用度。最先投靠朱棣的兵部尚书茹常率兵闯入，抓了夏原吉交到朱棣面前，声言其“助纣为虐甚多”，朱棣怒问夏原吉有何辩解。夏原吉不慌不忙地答道：“君上殉难，臣子理当死节，只是请殿下容臣三天。”朱棣一愣，说：“为什么？”夏原吉答道：“户部尚有账目未点算完毕，此事关乎黎民生计，请容臣三天内做完，再随先君赴死。”此番话打动了朱棣，当即下令将夏原吉释放，原职留任。

有人说夏原吉在建文帝时曾受重用，不可信任。朱棣不听，将他和蹇义一起升为尚书。事实证明，朱棣没有看错人，夏原吉和蹇义等人制定了详细的赋税徭役等制度，恪尽职守，谨慎用权，革故鼎新。夏原吉提出三十多条建议，简便而易遵守，并说：“政策颁行后如果难以沿用，将会加重人民的困苦。这是我不愿意看到的。”夏原吉一生经手钱财无数，却为官持重，克己奉公，两袖清风，真是让人敬佩的清官。

“南杨”杨溥

杨溥，明英宗时期的首辅，与杨士奇、杨荣合称“三杨”，时人称之为“南杨”。

一次，杨溥的儿子从家乡来京城看望他。杨溥问儿子：“一路上，你可曾听说哪个太守或县令有贤德？”儿子答道：“江陵那个县令简直没有一点才德。”杨溥听到这句话觉得很纳闷儿，连忙问儿子：“为什么这么说？”儿子答道：“他对我的招待太简单了。”当时，江陵县令是范理，杨溥认为范理能这样对待自己的儿子，说明他为人正直，不阿权贵，于是就记下了他的名字。不久后，杨溥提升范理为德安府知府。

范理任德安府知府期间，做了许多好事，受到百姓称赞。后来，杨溥又提拔他为贵州左布政使。有人劝范理给杨溥写封信表示感谢，范理却说：“作为首辅，他举荐我是在为朝廷选拔人才，并不是出于私情，有什么可谢的呢。”范理始终没有给杨溥写致谢信。但杨溥去世后，范理却哭着去祭拜他，缅怀他对自己的知遇之恩。

胡林翼不用族人

胡林翼是与曾国藩齐名的晚清名臣，为官清廉，用人公正。

胡林翼到贵州任职前发誓：誓不取官中一钱自肥。上任伊始，胡林翼即带头捐俸，倡导官绅百姓集资兴工筑渠，解决旱季供水难题，百姓大悦。他认为当时天下之乱不在盗贼，而在人心，因此“用兵不如用民”。“用兵”只能治标，收一时之功；“用民”才是治本，享长久安定。于是他经常芒鞋短衣，深入民间摸民情、探匪情，带领官兵与盗匪作战数百次，积累了丰富的作战经验。他倡立义学，旌表节孝，移风易俗。他办案公开透明，杜绝贪渎官吏上下其手，“门无私谒，案无宿牍”。

胡林翼对待宗族戚党也从不纵容。在黄州时，一个族人上门投靠他，他一连数月供其吃喝。一天，族人忽然说要走，胡林翼问他原因。他说，恰逢某营官奉命调动，便花了些钱，捐荐自己和营官一同前往。胡林翼听完大怒，找来营官，说：“我的戚族靠我的经济力量难道还不够庇护他们吗？你借此接纳他，这风气一开，以后还有个头吗？姑且记你一过，以儆效尤。”然后给了族人回去的路费，并通告各台局营员：用人应该秉公办理，不能徇私枉法；否则，若经查出，立即处置。

清朝对于科举舞弊的查处

历朝历代对科举舞弊案的惩处都比较严厉，清朝更是如此。

康熙五十年（1711年），顺天乡试，主考官为左必蕃，副考官为赵晋。试榜一公布，落选的士子都表示不满，因为被录取的多是盐商子弟，盛怒的士子把“贡院”称为“卖完”并在贡院门前贴了一副对联——“赵子龙浑身是胆，左丘明有眼无珠。”康熙帝令尚书张鹏翮、总督噶礼和巡抚张伯行共同审查，结果噶礼与张伯行竟互劾。康熙帝令张鹏翮与穆和伦先后审查噶礼与张伯行，均认定张伯行有罪。康熙帝相信张伯行的清白，对张、穆的结论心存怀疑。于是，又令九卿、御史、给事中会审，后来查出噶礼与左必蕃勾结，胡作非为。最终，噶礼与左必蕃被革职，赵晋等人被处决。

咸丰八年（1858年），顺天乡试，考试结束后录取了“戏子”平龄为举人，引起议论。御史孟传金向朝廷报告民众的议论，咸丰帝命人复查试卷，结果发现其中五十份试卷有问题，如朱、墨二卷（举子考卷用墨写，叫墨卷；让人将墨卷誊写一遍，编号而不书姓名，给阅卷大臣看的叫朱卷）不符。咸丰帝大怒，令载垣、肃顺等人会审，结果查出大臣与士子相勾结改动朱卷等违法行为。此案涉及面广，直接参与者或被处死，或被革职，处罚极其严厉。

清朝乡试的考场纪律

清朝对乡试有着严格的考场规定。乡试地点一般选在省会的贡院。贡院围以高墙，墙上遍铺荆棘，故又名“棘闱”。院内有监视士子考试的明远楼，两旁是考生住宿和考试的号舍，一人一间。墙的两侧有坎，可支当桌凳的木板，木板拼起来就是晚间睡觉的床，巷尾有厕所，有号卒取水生火。

考场有极严格的搜检制度和监考制度。考生手提装有食物、蜡烛、笔墨的篮子进场。入场时首先要点名识认，防止顶冒。查检严格，设两门查检，二人搜检一人。考生要打开被褥，脱帽，脱鞋，解衣，散发。乾隆时规定：考生的衣裤、帽子、袜子都是单层，糕饼要切开，砚台不许过厚，衣缝拆开，鞋底单层。搜身后，领卷按号入闱。监考人员逐一核对考生的年龄、相貌。写有考题的题纸由监临、知贡、提调等官员分发到号舍。士子入号舍后即封门、查号。每号都有号卒看守。墙外有人日夜巡逻。

考生在号舍不许交谈、换号、换卷，交卷后从甬道出去，不许驻足。

对违规人员的处罚很重。嘉庆时规定：发现夹带，枷号一个月。

秀才因为一文钱丢了乌纱帽

汤斌是清初著名的廉吏，每天粗茶淡饭，喜欢用豆腐做菜，人们亲切地称他为“豆腐汤”。

一天，某人经过京城延寿寺街时，看见书铺中有一个少年用几枚钱买了一本《吕氏春秋》，恰巧有一枚钱落在地上，他暗中用脚踏在钱上，等少年走后就俯身拾起了这枚钱。旁边坐着一位老翁，盯着看了很久，起身问了他的姓名后，冷笑一声离去。

后来，此人以监生的身份进入誊录馆任职，赴吏部应选得到常熟县尉的官职。他欣喜万分，整装赴任之际，到巡抚衙门投书请求谒见上司汤斌。汤斌时任江苏巡抚，结果他请求十次也未得到接见。他正纳闷儿，欲问根由，门卫传达汤斌的命令：“你不必前去赴任了，大人已写了奏章弹劾你。”他惊奇地问：“大人弹劾我什么罪？”门卫说：“贪钱。”他心想：我尚未赴任，怎么会有赃证？一定是弄错了。他急忙请求当面陈述。门卫进去禀报后，又出来传达汤斌的命令：“你不记得从前书铺中的事了吗？当秀才时尚且爱一钱如命，今天侥幸当上地方官，能不绞尽脑汁贪污盗窃吗？请马上解下官印离开，不要使当地百姓因你的贪污盗窃而受苦痛哭。”

听了这番话，他才想起以前在书铺中叩问姓名的老翁，就是巡抚大人汤斌，于是满面羞愧地弃官而去。

左宗棠不为人作荐书

左宗棠是和曾国藩、胡林翼齐名的晚清重臣。他从幕客起家，屡立大功，出将入相，却不曾为人写过一封荐书。别的官员问他原因，左宗棠说："若是人才，我自会好好安排，定不埋没；如其不才，荐与别人，败我清名，贻祸他人，我决不干！"

一故人之子黄兰阶在福建做候补知县，因多年不能"转正"郁郁不安。黄兰阶心想左宗棠顾念旧情，前去拜谒应该会有所收获。于是，他便带了几件礼品，欣然入京。

黄兰阶来到左府后，见到了左宗棠。左宗棠问他："你叫什么名字？"黄兰阶赶紧掏出书信，说："家父与中堂大人是故交。此次进京，家父让我无论如何也要来拜见中堂大人。"左宗棠看过书信，点点头，吩咐下人给黄兰阶准备酒菜，让他先去吃饭。黄兰阶说："卑侄在福建做候补知县已有多年，恳请中堂大人给我写一封荐书。""别说了。"左宗棠打断了黄兰阶的话，说，"如果有别的事尽管说，荐书的事就不要再提了。在家有田不种，有书不读，却羡慕做官的吗？如果你愿意回家，我赠你良田十亩，回去好好耕种。"黄兰阶一听，知道多说无用，只好灰溜溜地离开了左府。

左宗棠不写荐书，但他知人善任，一生中提拔了很多出身卑微的大将。

张兆栋保护下属

晚清同治年间，山东潍县人张兆栋曾担任江苏布政使。张兆栋在用人问题上，能够实事求是地选拔、任用人才，并想方设法地保护人才，不以一时好恶决定属官去留，更能不畏上司权势，抵制滥杀无辜。当时的江苏巡抚丁日昌，为政苛刻，用人喜怒无常。张兆栋多次因用人的问题与其发生争执。

一天，在秀水任职的沈玮宝因治水工程一事拜谒丁日昌，语出不逊，丁日昌便呵斥起来，沈玮宝资历虽浅，却据理力争。丁日昌大怒，拍案而起。沈玮宝干脆把官帽摘下往桌上一放，说了声悉听弹劾，便径自走出。

丁日昌恼羞成怒，差人把沈玮宝扣住，声言非杀他不可，又派人去请张兆栋帮助裁决。张兆栋听说后，先是故意拖延时间不去，之后把沈玮宝召来问清事情经过，得知沈玮宝无错，就私下把他放走了。

张兆栋面见丁日昌，问道："沈玮宝的过错就是不遵从你的命令吗？"丁日昌支吾地说："他这样太不尊重上级了！"张兆栋说："你抓沈玮宝很容易，非要杀他来吓唬手下，你就派人去抓好了，谁敢违抗你的命令呢？不过问斩之后，若有人问起，我一定会详细说明事情的原委，不能因为害怕你就不说清事情的真相。"经过他这一劝，丁日昌沉默很久，决定放过沈玮宝。

纪律

秉公执法

■ 中国传统政治文化礼法并用，儒家的政治理想和法家的权谋之术互为阴阳。“王子犯法，与庶民同罪”，体现的是法律的公正。历代清官廉吏层出不穷，既是传统伦理的人格载体，也是法律尊严的捍卫者。他们执法严明、大公无私，是规矩和纪律的维护者，最大限度地维持了传统社会秩序的稳定，为中国古代创造出辉煌灿烂的物质文明和精神文明提供了保障。

李离自刎

李离是春秋时期晋国掌管刑罚的最高长官。他执法如山，公正不阿，把法律看得比生命还重要。李离断案细致入微，极其认真负责，所以他经手的案子从无差错。

一天，李离在查阅过去的案卷时，发现了一起错杀的冤案，感到惊骇不已，惭愧万分。由于下属送来的材料不够准确，导致他听察案情有误而枉杀了人命。李离觉得自己犯下了不可饶恕的罪过，给国家的法律抹了黑，就让手下把自己绑起来，请求晋文公将自己处死。

文公非常爱惜人才，对李离这种严于律己的态度大加赞赏，亲自为他松绑，说："官职贵贱不一，刑罚也轻重有别。这是你手下官吏有过失，不是你的罪责。"李离说："臣担任长官，不曾把高位让给下属；臣领取的官俸很多，也不曾分给他们。如今我听察案情有误而枉杀人命，却要把罪责推诿给下属，这种道理我没有听过。"文公说："你认定自己有罪，那么我也有罪吗？"李离说："法官断案有法规，错判刑就要亲自受刑，错杀人就要以死偿命。您因为臣能听察细微隐情事理、决断疑难案件，才让我做法官。现在我听察案情有误而枉杀人命，应该判处死罪。"于是，他拒绝了文公的赦令，伏剑自刎而死。

魏绛执法严明

春秋时期，晋悼公任命魏绛为司马，执掌军法。

三年以后，悼公大会诸侯借此炫耀武力，而其弟杨干却在鸡泽会盟的曲梁扰乱军队的行列。魏绛履行职责，杀了杨干的驾车人。悼公为此大怒，对大夫羊舌赤说一定要杀掉魏绛。羊舌赤答道：“魏绛没有二心，侍奉国君不回避危难，有了罪过不逃避刑罚，恐怕要来说明情况的，哪里用得着国君发布命令呀！”话刚讲完，魏绛就到了，把紧急奏事的奏章交给国君的手下，准备自刎，被人劝阻。

魏绛在奏章中陈述了行刑的理由：杨干所做的事违反了军纪，自己身为司马应负责任。诸侯会盟是国之大事，如不执行军法，后果将不堪设想。下臣害怕因失职而获死，所以处罚了杨干。臣没有能够事先训诫大家，以致动用了斧钺，罪过很重，请求回去死于司寇的刑戮。

悼公读了奏章深为感动，光着脚快步走出来，说：“寡人的话，是出于对兄弟的爱护；司马的诛杀，是出于执行军法。寡人有弟弟，却没有好好教育他，让他触犯了军令，这是寡人的过错。我请求您不要使寡人的过错再加重了！”

悼公认为魏绛善于用刑罚治理百姓，从鸡泽会盟回国后，在太庙里专门设宴招待他，任命其为新军副将。

子皋因公正执法意外获救

子皋亦作子羔，孔子弟子。他任执法官吏时，曾砍掉了一个犯人的脚。这个被砍脚的人后来在卫国守卫城门。

孔子在卫国时，有人在卫国国君面前中伤孔子，说他图谋作乱。卫国国君打算捉拿孔子，孔子逃走了，他的弟子们也都跟着逃跑。子皋逃跑时，断足守门人引导他逃到城门边的暗室里，使他躲过了官吏的捉拿。

半夜，子皋问断足守门人："我亲自下令砍掉了你的脚，现在是你报仇的时候，你为什么还愿意帮我逃走呢？我凭什么得到你的帮助呢？"断足守门人说："我被砍掉脚，是我罪有应得，这是没有办法的事。但是您按刑法给我定罪时，反复推敲法令，先后为我说话，很想让我免罪，这些我都很清楚。等到案子和罪行判定了，您心里十分不快，脸色上都表露了出来，这些我又清楚地看在眼里。您并不是徇私照顾我才这样做，而是与生俱来的仁爱之心本就这样。这便是我心悦诚服并要报答您的原因。"

孔子听说此事后，说："善于做官的人培植恩德，不善于做官的人积聚怨仇。概木是用来量平斗斛的，官吏是用来公平行法的。治理国家的人，不可以失去公正。"

卫嗣君执法严明

卫嗣君，战国时期卫国第四十一任国君。

卫嗣君好察臣下的隐私，曾经派人装扮成客商通过关口上的集市。管理关市的官员刁难他，他用金钱贿赂这名官员，这才放他过关。事后，卫嗣君把这名官员召来，说：“某时有个客商经过你管辖的地方，他用金钱贿赂你，你才放他走的。”官员听后非常害怕，认为卫嗣君明察秋毫。

卫嗣君十年（公元前315年），卫国有个苦役犯胥靡逃到了魏国。此人精通医术，在魏国期间曾给王后治过病。卫嗣君听说后，就派遣使者请求魏襄王允许用五十金把胥靡买回来，使者往返五次，但魏襄王仍是不给，卫嗣君便打算用左氏城来交换。

左右侍臣劝谏卫嗣君说：“用价值不菲的土地，赎回一个小小的囚犯，恐怕不值得吧？”卫嗣君说：“这你们就不懂了！治理政事不忽略小事，就不会有大乱子。如果法度不建立，当杀的不杀，即使有十个左氏城，也是无用的。法度严明，违法必究，失去十个左氏城，也终无大害。”

魏襄王听说这件事后，感叹地说：“卫君想治理好国家，我却不答应他的要求，不吉利。”于是，魏襄王令人用车子载着逃犯送回卫国，无偿地交给了卫嗣君。

韩昭侯拒绝申不害

公元前353年，韩昭侯派军队攻击周朝，占领了陵观、廪丘两个村落。两年后，一位叫申不害的小官向昭侯自荐。申不害在历史上非常有名，与韩非同为法家的代表人物。昭侯任命申不害为相国。申不害任相后，韩国改革内政，结交诸侯，跃升为一等强国。

一次，昭侯对申不害说："现在执法非常困难，怎么办呢？"申不害答道："执法的要领是有功而赏，有才任官。如今您虽然立了法，但是具体执行时却接受身边人的请托，所以才会感到执法困难。"昭侯一听，马上对申不害说："我现在明白该怎样执法了。"

此后，申不害推荐他的堂兄任官，昭侯拒绝了，申不害很不高兴。昭侯说："我在你这里学到了治国的法则，现在我是接受你的请托，而去破坏你所定的法则呢？还是遵守你所定的法则，而去拒绝你的请托呢？你曾教我严格赏罚，用人一定要依照才能大小。但你现在却私相授受。你说，我该听哪种意见呢？"申不害汗流浃背，请罪说："您才是我所盼望的贤明之君。"

申不害所主张的任人原则是"因任授官，循名责实"，而昭侯不因申不害有功于国而徇私情，反而牢记申不害所传授的治国之"术"，因此韩国得以富强。

徙木立信

战国时期，秦国国君秦孝公任命商鞅为左庶长，实行第一次变法。

商鞅起草了一个改革的法令，但是怕老百姓不信任他，不按照新法令去执行。于是，他叫人在都城的南门立了一根三丈高的木头，发布公告说："谁能把这根木头扛到北门，就赏十两金子。"

不一会儿，南门口就围了一大群人。大家议论纷纷，但没有人敢去扛木头。商鞅知道老百姓还是不相信他，就把赏金提高到五十两。重赏之下必有勇夫，人群中有一个人自告奋勇要去试试。他扛起木头就走，一直走到北门。商鞅立刻派人传出话来，赏给扛木头的人五十两黄金。

这件事立即传开，一下子轰动了秦国。老百姓说："左庶长的命令确实可信。"商鞅知道，老百姓已经相信他了，就把起草的新法令公布了出去。

变法法令颁布了一年，秦国百姓纷纷前往国都控诉新法使民不便。这时，太子也触犯了法律。商鞅认为，新法不能顺利施行，就在于上层人士带头违法。但太子是国君的继承人，且年幼无知，受人利用，不能施以刑罚，于是便将他的老师公子虔处刑，将另一个老师公孙贾脸上刺字，以示惩戒。秦国人听说此事后，便不再控诉新法不便，规规矩矩按新法办事。

赵广汉发明举报箱

西汉名臣赵广汉，以执法不避权贵著名。

杜建是赵广汉手下的一名中层官员，但资格老、根基深，为人一向霸道。汉昭帝在世时，他参加了昭帝陵墓的预建工作，成了监造平陵的官员。杜建认准这是个发财的机会，便指使门客从中非法牟取暴利。赵广汉根据举报掌握了这些事实。他先是警告杜建悬崖勒马，但杜建把他的话当成耳旁风。赵广汉见规劝无效，就决定将杜建正式逮捕归案。人还没押到牢里，为杜建说情的人便纷至沓来，但赵广汉不给来说情的人一点面子。杜家的族人和门客因此恼羞成怒，遂密谋把杜建从牢里救出来。

就在他们图谋不轨之时，赵广汉已通过内线完全掌握了他们的阴谋。他先派出一名官吏，警告打算劫狱的主谋者不要轻举妄动。然后，在证据确凿的情况下，命令狱吏将杜建斩首弃市。

赵广汉受储钱罐的启发，模拟储钱罐的外形发明了举报箱。他叫手下人设置竹筒，类似现代的保密信筒，专门接收告发的信件，同时故意隐去揭发者的姓名。这不仅方便知情者检举揭发，而且使举报者免遭打击报复。赵广汉在短时间内接收到民众的大量投诉信件，各派势力所犯下的罪行及其相互勾结的权势脉络渐渐浮出水面。赵广汉收到告发信后，一经核实，便依法治罪。

法不避亲

汉文帝刘恒与其子汉景帝的统治时期被称为“文景之治”，是中国历史上最著名的盛世之一。

薄昭是文帝唯一的舅舅。刘恒被拥立登基前，薄昭代表刘恒打前站，先去长安与陈平等人接头，也算是有功之臣，后来出任车骑将军。

文帝十年（公元前170年），朝廷派使者去见薄昭，使者因一时疏忽得罪了薄昭，薄昭便将使者杀死。文帝听说了之后，又气又悔。一方面，他埋怨舅舅无法无天，杀了天子使者，按律当斩。另一方面，他又后悔自己不该给舅舅那么高的地位。但是，处死母亲唯一的亲弟弟，文帝也会落得“不孝不义”的骂名。

怎样处理呢？文帝既不忍心下令杀死舅舅，又不愿别人说自己执法不严。最后，群臣帮他想出了一个办法：让薄昭自己认罪伏法。他先让一些大臣去薄昭家里喝酒，在酒席上劝薄昭自杀，但薄昭不同意，大臣们失败而归。文帝得知舅舅不愿自尽，既觉得舅舅没有气节，也觉得自己脸上无光。于是，文帝又派大臣们去薄昭家“吊孝”，大臣们穿着丧服、戴着孝来到薄昭家，一齐向薄昭号丧。薄昭没有办法，只好自杀了。

文帝依法处死了自己的舅舅，严明了朝廷的法纪，在这之后的若干年里，那些骄纵的大臣、外戚很少有人敢闹事了。

张释之公平执法

汉文帝时，张释之任公车令。

一次，太子与梁王同乘一辆车入朝，到了皇宫外的司马门也没有下车。张释之觉得二人太没礼貌了，当时就迎上去阻止太子和梁王，不让他们进宫。太子和梁王看到只是个小小的公车令，就傲慢地让张释之滚开！张释之严肃地答道："国家法令有规定，凡是经过公门不下车者，就是对朝廷不敬，太子和梁王违反了这个规定，我是不会让你们进去的。"太子笑了笑说："规定？连天下都是我们刘家的，更何况这个小小的公门，赶快给我让开！"可是，不管太子怎么说，张释之就是不让他们进去。直到薄太后下令赦免了他们的罪行，太子、梁王才得以入宫。

一天，文帝出巡经过长安城北的中渭桥，一个人突然从桥下跑了出来，文帝车驾的马受了惊。于是，文帝命令骑兵捉住这个人，交给了廷尉张释之。张释之审讯后，向文帝报告说这个人触犯了清道的禁令，应处以罚金。文帝认为此人应该判处死刑。张释之说："法律是天子和天下人应该共同遵守的。廷尉是公正执法的带头人，如果稍有偏失，天下执法者都会任意执法，法律如何能取信于民？愿陛下明察。"许久，文帝才说："廷尉的判处是正确的。"

“强项令”董宣

东汉董宣做洛阳县令时，湖阳公主的仆人大白天公然杀人。这个仆人躲进公主府，官吏无法逮捕他。

公主外出，这个杀人的仆人陪乘。董宣就在夏门亭等候，他见到公主的车队过来，就将马扣住让车停下，用刀画地不准车队再走，大声责备公主的过错，喝令仆人下车，并击杀了那位仆人。

公主回宫向光武帝告状。光武帝非常生气，召见董宣，要用棍棒打死他。董宣叩头说：“请让我说几句话再死！”光武帝说：“你想说什么？”董宣答道：“陛下神圣明智，使汉家天下得到复兴，却放纵奴仆残害良民，这又怎能治理好国家呢？我不需用棍棒打，请准许我自杀！”随即用头撞柱子，血流满面。光武帝命令小太监拉住董宣，叫他给公主叩头认错，董宣就是不从；太监用强力使他叩头，董宣用两只手按撑在地上，始终不肯低头。公主对光武帝说：“您当老百姓的时候，藏匿逃亡的人，官吏不敢进门抓人。现在当了皇帝，连一个县令都指挥不动吗？”光武帝笑着说：“做皇帝和当老百姓可是不一样呀！”于是，光武帝封董宣为“强项令”，赏钱三十万。但是董宣把赏钱全部分给了各位官员。

从此以后，那些豪强没有不惧怕他的，京城里的人称其为“卧虎”。

不徇私情的苏章

东汉顺帝时，苏章任冀州刺史，为官清正，公私分明。

上任伊始，苏章发现有几个账本记得含混不清，就派人去调查。调查的人很快呈上了报告，说清河太守贪污受贿，数额巨大。苏章大怒，决心马上将胆大妄为的清河太守逮捕法办，但此时他却发现这个清河太守竟是以前的同窗，也是那时最要好的朋友，两人简直情同手足。对此，苏章非常痛心，也十分为难。

那位清河太守知道东窗事发，惊恐万分。他听说冀州刺史是自己的老朋友苏章时，心存几分侥幸，希望苏章能念及旧情，网开一面。

不久，苏章派手下人请清河太守赴宴。苏章不停地给老友夹菜，气氛很是融洽。这时，清河太守心里的一块石头终于落了地，他不禁得意地说道："苏兄呀，我这个人真是命好，别人顶多有一个老天爷照应，而我却得到了两个老天爷的荫护，实在是幸运啊！"听了这话，苏章推开碗筷，站直身子整了整衣冠，一脸正气地说："今晚我请你喝酒，是尽私人的情谊；明天升堂审案，我仍然会公事公办。公是公，私是私，绝对不能混淆！"

第二天，苏章开堂审案，果然不徇私情，按照国法将清河太守就地正法了。

高柔不因权曲法

曹丕死后，魏明帝继位。他喜欢打猎，还派遣了不少亲信去管理猎场。当时，功曹张京管理的宜阳山区有一片很大的皇家园林。

古时，皇家园林禁止普通百姓狩猎。宜阳县典农刘龟私下在禁区内射兔，功曹张京没有及时查处，而是将此事告诉了校事（三国时期负责监察之事的官员）。按照法律，刘龟射兔与张京失职都应该得到处罚。但明帝偏袒张京，隐匿了张京的名字，把刘龟抓来交给了廷尉高柔处理。

高柔在审问刘龟时，了解到他并不是有意偷猎犯禁，当时是在追一只被自己射伤的兔子，而且发现自己进了禁区就立马退了出来。高柔还了解到当时张京并不在场，于是上表请求明帝说出告发者的名字，还提出猎场管理员当时不在场，也犯有渎职罪。明帝大怒，说："刘龟竟敢在禁区狩猎，应该处死！我将刘龟送到廷尉处，廷尉就应该拷问他，为什么还要打听告发者的名字，难道我是胡乱抓他吗？"高柔说："廷尉是天下最讲求公平的官吏，执掌国法就应该像一杆秤一样，必须做到事事公平，怎么能够以陛下的喜怒来破坏法律呢？"于是，他再一次上奏明帝，言辞深明恳切。

明帝醒悟了，告诉了高柔告发者是张京。高柔立即回去审讯，刘龟、张京两人各当其罪。

满宠执法严格

满宠，三国时期魏国名将，最初在曹操手下任许县县令，掌管司法，以执法严格著称。

满宠十八岁时，在郡中任督邮。当时郡内的李朔等人倚仗权势为害百姓。太守遣满宠前去纠察，李朔等人闻讯后，前来请罪，表示不再作恶。后来，满宠代理高平县令。督邮张苞贪污受贿，扰乱吏政，满宠派人将其抓捕并拷问，张苞受刑而死，满宠弃官回乡。

建安元年（196年），满宠被任命为许县县令。将军曹洪是曹操的宗室，曹洪的亲戚、宾客在许县境内屡次犯法，满宠把他们收捕治罪。曹洪写信让满宠释放他们，满宠不肯放人。曹洪又向曹操求情，满宠没有等待曹操的意见，就把犯法的人提前处斩了。曹操得知后不怒反喜，称赞满宠执法严格。

太尉杨彪入狱后，满宠负责审问，荀彧和孔融写信求情说："只听口供，不要拷打。"满宠不作理会，如以往一样拷问，荀彧和孔融听说后极为愤怒。数天后，满宠求见曹操并说道："拷问杨彪，没有找到罪证。对于判处死罪的人，应先彰明他的罪状。此人名振海内，若找不到证据而把他处决，会大失民心，请主公想清楚。"曹操即日就把杨彪释放了，荀彧和孔融知道案子了结后，也一改先前的态度，对满宠很是友善。

执法不惜死

赵绰在隋文帝时任大理寺丞，执法公正，任职期间，屡次纠正文帝违法量刑的错误行为。

一次，刑部侍郎辛亶穿了一条俗名叫“利于官”的红裤子，文帝见到后非常生气，以“厌蛊”之嫌，下令将辛亶处斩。赵绰不赞成文帝这样滥用刑罚，当下就上奏说：“依据法律，他罪不至死，臣不敢奉诏。”文帝恼羞成怒，对赵绰怒吼道：“你顾惜辛亶，难道就不顾惜自己吗？”当即命令左仆射将赵绰斩首。刑官在朝堂上剥掉了赵绰的官服，文帝问赵绰：“怎么样，还敢固执己见吗？”文帝只不过是想吓吓赵绰，谁知赵绰答道：“臣一心一意执法，不敢顾惜自己的生死。”文帝见赵绰不肯屈服，过了好久才下令不治他的罪。

隋朝禁止民间私自铸钱，也不许用质量差的恶钱在市场上做交易。一次，执行巡逻任务的武侯在市场上捉到两个以恶钱换好钱的人。文帝非常气愤，下令把他们全部处斩。赵绰立马上奏说：“这二人依律当杖责，把他们杀了是不符合法律规定的。”文帝盛怒，说：“天子的权威不可以侵犯，你想寻死吗？”让他退下，他全无惧意，不但没有退下，反而又跨进一步，跪拜不起。文帝没有办法，只好自己退到殿后。

秉公执法

唐朝虽然民风开放，但法令却得到严格执行，唐朝历史上出现了很多严格执法的好官员。

唐高宗在位时，杨德干担任万年县县令。一位宦官自以为在皇帝那里得宠，外出放鹞时踩踏了百姓的庄稼，被杨德干捉去打了二十棍。那个宦官哭泣着，露出脊背上的创伤让高宗看。高宗说：“明明知道这个人厉害，何必去侵犯他的百姓呢！”

李日知在武则天天授年间任大理寺丞。当时法令严苛，官吏竞相用酷刑峻法残害百姓，唯有李日知比较宽厚，不肯轻易判人重罪。他曾经判决免除一囚犯死罪，大理寺少卿胡元礼坚持不准，说：“只要我不离开大理寺，那个囚犯就没有活着的道理。”李日知说：“只要我不离开大理寺，那个囚犯就不会被处死。”两人把各自对犯人的判决文书报告给朝廷，武则天采用了李日知的评断。

唐肃宗时，王玙为宰相，迷信鬼神之事。王玙派遣女巫去各地祈祷名山大川。有一位女巫在地方上索要财物，并勾结十几名无赖横行州县。左震时任黄州刺史，将女巫和那些无赖处死，没收了他们勒索的金银财宝，全部登记清楚后上奏说：“我已斩杀了女巫，请求把他们的财物上交，以宽免穷人应交纳的赋税。”肃宗了解情况后嘉奖了左震，并让他改任商州刺史。

南山铁案

唐中宗时，李元纮任雍州司户参军。太平公主是高宗与武则天的女儿、唐中宗的妹妹，一向骄纵，不可一世。

当时，太平公主到雍州游玩，路过一座寺院去进香时，对寺庙里的一方磨盘情有独钟，未经寺院同意就强行令人搬走运往京城。太平公主仗势欺人的做法引起寺庙中和尚的不满，但由于太平公主身份特殊，和尚们不便直接出面阻拦，遂将此事告到当时的雍州司户参军李元纮那里。

李元纮受理案件后，立马进行了调查。了解事情缘由后，在明知太平公主身份的情况下，还坚持秉公执法、不畏权势，将石磨判还给了寺院，责令公主送回石磨。

李元纮的上司雍州长史窦怀贞，对这一判决不满。窦怀贞惯于谄媚权贵，对太平公主巴结都来不及，哪里敢让下属得罪她！窦怀贞下令让李元纮将磨盘改判归太平公主所有。李元纮本性刚正不阿，对窦怀贞这种阿谀奉承、徇私枉法的行径深恶痛绝，愤怒之下，提笔在原判词上写道："南山可移，判不可摇也。"他冒着受打击的风险，维持了原判。后世以"南山铁案"指称已经判定、不可改变的案件。

戴胄犯颜执法

唐朝戴胄在唐太宗继位后被擢升为大理寺少卿，执法时对任何人都不留情面。

长孙无忌是长孙皇后的哥哥，官居尚书之职，在朝中势力很大。一次，长孙无忌被传召，在进入东上阁时，没有解下佩刀，违反皇宫守卫纪律。尚书右仆射封德彝判定："监门校尉失职，罪当处死；长孙无忌误带佩刀入宫，罚铜二十斤。"

戴胄提出异议道："校尉没有察觉与无忌佩刀入内，都是一时疏忽所致。根据法律，处置应当从轻，而现判决一生一死，差别太大了，还是改判为宜。"太宗觉得他言之有理，于是赦免了校尉死罪。

后来，有官员被查出伪造资历，戴胄依律判他流放。太宗坚持要判处死罪。戴胄说："陛下如果直接下诏处死他，臣管不了。但陛下既然将他交付于我，我就要依法办案。"太宗道："你想遵守法律而使我失信于天下吗？"戴胄却答道："诏令是凭借一时的喜怒说出来的，而法律是国家用来向天下人昭示最大信用的。陛下一时发怒想要杀死假冒资历和出身的官员，但是现在已经知道这样做不合适，所以才交给我处理，这正是忍耐小的愤怒而保全大的信用。"太宗欣慰地说："你如此执法，朕还有何忧虑！"

公正执法

大中十年（856年），唐宣宗任命翰林学士韦澳担任京兆尹。

太后的弟弟郑光的庄吏恣意妄为，骄横无比，多年不向官府交纳租税，韦澳将他逮捕并戴上镣铐。

宣宗在延英殿问韦澳，韦澳便将逮捕郑光庄吏的原委向宣宗陈奏。宣宗说："你怎么处置他呢？"韦澳答道："将依照法律处置。"宣宗又说："郑光特别喜爱这位庄吏，怎么办呀？"韦澳答道："陛下从宫禁内庭的翰林院任用我为京兆尹，希望我清扫京畿地区多年的积弊。如果郑光的庄吏多年为蠹害，却能得到宽大处理免于刑罚，那么陛下所制定的法律，看来只是用来约束贫民，我实在是不敢奉陛下的诏命再去办事了。"宣宗说："你说的确实合乎道理，但舅舅郑光的面子朕不能不顾，你可以用棍杖狠狠地处罚庄吏，但免他一死，行吗？"韦澳答道："我不敢不听从陛下的诏告，请求陛下让我关押那个骄横的庄吏，等到他租税交足之后再释放他。"宣宗说："你的话有道理，朕因舅舅郑光的缘故阻挠你依法行事，确实惭愧呀。"

韦澳回到京兆府即重杖那个庄吏，督促他交满数百斛租税后，才将他交还给郑光。

御史王平

北宋仁宗年间，王平从地方官晋升到御史台，成为一个六品御史。

王平在许州任从九品的司理参军时，负责刑事案件的审理。一次，乡下有个妇女骑驴独行，在荒郊野外被盗贼杀害，盗贼事后逃走了。那头驴受惊跑了，被附近的一个农夫捉住，拴在了自家槽头。案发以后，捕快搜到了那头驴，认定那位农夫就是杀害女子的凶手。

王平审讯了四十多天，农夫始终只承认收养了那头驴，不承认杀害女子。王平怀疑农夫可能是冤枉的，就把这个案情向州官作了汇报。州官资历很老，向来强横骄纵，一点也不听王平的意见，催促他尽快判决。王平还是坚持自己的意见，州官大怒，说他太懦弱了！王平说："如果因为懦弱触犯了您，不过被免职罢了。如果我遵照您的意思，可能会枉杀了无辜的人。掂量两者的轻重，哪个更加严重？"

几天后，从河南押来一个逃兵，经过仔细审问，确认他就是杀害女子的凶手，农夫得以沉冤昭雪。后来州里集会，州官向王平道歉说："如果没有你，我先前差点错杀了无辜。"王平从此声名远播。

包青天铡包勉

包青天铡包勉是流传下来的戏曲故事。

戏曲里说，包拯自幼父母双亡，全靠兄嫂抚养成人。他做庐州知县时，得知兄嫂的儿子包勉作为地方官，贪赃枉法，作恶多端，非常生气。但兄嫂对自己恩重如山，包勉又是嫂子唯一的儿子，这使他的内心十分煎熬。

最后，包拯决定大义灭亲，下令处死自己的亲侄子包勉。临行刑时，面对嫂子的责骂，包拯表明自己是职责所在，要严格执法，自己愿代替侄子为她“养老送终”。

故事是虚构的，但包拯刚正不阿的性格却是真的。

包拯为官时，不与人苟同，也不结交私党。对那些仗势枉法的贵戚宦官，他都毫不留情地上奏弹劾。一次，开封发大水，水排不出去。包拯一调查，原来是许多权贵在疏通的河道上修筑了大量的花园、亭台。包拯令他们限期拆掉。有个权贵不肯拆，还拿出一张地契，说那块地是他的。包拯仔细检查后，发现地契是伪造的，马上命人拆了他的花园，并奏明仁宗皇帝。

包拯每次上朝时都十分严肃，对贪官更是苛刻，嫉恶如仇。人们都说贵戚们想要看到包公的笑脸比看到黄河水变清还难。老百姓却很喜欢他，说：“关节不到，有阎王包老。”意思是，谁也别想用财物去向他行贿请托，他像阎罗王那样使人望而生畏。

赵璧锄恶务尽

元朝官员赵璧出任河南经略史时，河南有个地头蛇刘万户，当地人谁家办婚丧大事，首先得贿赂他，尤其是刘万户的爪牙董主簿，狗仗人势，助纣为虐，强抢民女三十多人。老百姓怨声载道，可谁也不敢招惹他。赵璧来后，查明情况，立刻把董主簿抓来斩首示众，把强抢的民女全部放回。

刘万户闻讯大吃一惊，假惺惺地去拜访赵璧。当时正好下了一场大雪。刘万户惴惴不安地说：“经略刚到这里，就为地方除去一霸，真是天大的好事，连老天爷都感动得降下雪来，真是瑞应啊！”赵璧冷冷地说：“像董主簿这样的坏蛋还大有人在，等我把他们统统除掉，瑞雪会更大。”刘万户回家后，当晚暴亡。人们奔走相告：“赵璧一席话，吓死刘万户。”

赵璧曾经陪同忽必烈一起去太庙祭祀。有个人把黄幔弄脏了，忽必烈认为这是对祖先的不敬，一怒之下，要斩杀此人。赵璧说：“按照法律，这种情况只能判杖断和流放，不能斩首。”那个人才没有被斩杀。

赵璧一生不贪财，不好色，办事果断，执法如山。死后，他被追封为大司徒，谥号“忠亮”。

道同刚正不阿

明太祖朱元璋时，道同在番禺当县令，不畏强权，秉公执法，深得百姓爱戴。

洪武十二年（1379年），永嘉侯朱亮祖到了番禺，多次想用权势令道同屈服，但道同不为所动。当时，县里的土豪结成团伙，以低价收购集市上的珍宝，稍有些不如意，便狡猾地捏造各种罪名诬陷他人。道同查实后，将领头的人套上枷锁，并在大路上示众，因此惹怒诸位土豪。他们贿赂朱亮祖，想要通过朱亮祖施压，让道同放人。朱亮祖于是摆下酒席，召道同前来，软硬兼施，道同一直没有屈服，反而呵斥道：“你身为臣子，怎么能够受此等小人的役使呢！”朱亮祖见不能令道同屈服，便于第二天自行放走了这些土豪，还找借口鞭打道同。

布政使徐本向来敬重道同。一次，道同正打一个犯法医生的板子，还没打完，徐本急着找那个医生，派了士兵让道同释放医生。道同严肃地说：“徐公也想效法永嘉侯吗？”他便拒绝了士兵的请求，直到打完了板子，才肯送走那个医生。从此，上级官员更加畏惧道同。

道同刚正不阿，后来因为朱亮祖的诬告冤屈而死。番禺人民十分怀念他，许多人把他的牌位供在家里，作为辟邪除恶的神灵来祭拜。

冷面寒铁公

明成祖即位后，周新改任监察御史。他敢于直言，弹劾了很多贪官污吏。权贵们都很害怕他，称他为“冷面寒铁公”。

周新为百姓做了很多实事，经常有人给他送礼品和钱财，但他却从未收过。一次，有个人趁他不在家，给他家送了一只烤鹅，管家实在推脱不掉就收下了。周新回来后，就把那只烤鹅高挂在家里最显眼的地方，以后再有人来送礼时，就指着那只烤鹅说：“你要是不把礼物拿走，我就像这样把它挂起来。”此后，没人再给他送礼了。

锦衣卫的指挥使纪纲让一名武官千户任浙江的缉事，此人攫取财物，作威作福。因纪纲深受成祖的宠信，当时没人敢揭发这名武官。周新却要审查处治他，武官得到消息就赶紧逃走了。武官脱身后跑去向纪纲告状，纪纲捏造事实上奏成祖说周新有罪。成祖大怒，下令逮捕周新。押解的官员都是纪纲的心腹，途中把周新打得体无完肤。到了京城后，成祖下令杀了周新。

临刑前，周新高喊：“我活着是正直的臣，死了要做正直的鬼！”最终，周新还是被杀害了。后来有一天，成祖后悔了，问侍臣：“周新是什么地方的人？”侍臣说：“南海人。”成祖叹息地说：“岭外竟有这样的人，我错杀了他。”后来纪纲因犯罪被处决，真相大白于天下。

阎敬铭为民除害

清朝道光帝时，湖广总督官文的卫队首领率领几名新兵闯入武昌城外一户居民家中，强抢民女，民女哭骂不从，竟被他们乱刀砍死。死者父母进城告状，县府官员都不敢过问。湖北布政司阎敬铭闻知此事后勃然大怒，决心为民除害。

那恶棍听说阎敬铭要出面问案，赶紧跑到官文的总督府中藏匿起来。阎敬铭找到总督府，向官文索要凶犯。官文推说自己病重，拒不接见。阎敬铭即向随从传话："去把我的被子拿来！我就在总督府的门房过道里住宿、办公，总督的病不好，我阎敬铭绝不回去！"

三天过去了，官文被困府中实在想不出拒客的办法，只得请湖北巡抚严树森和武昌知府李宗寿来府劝说阎敬铭归去。严、李二人百般劝说，阎敬铭却立誓不杀凶犯绝不回府。官文无奈，只得出来相见，求阎敬铭给他一个面子。阎敬铭顺势提出条件：立即交出凶犯，当众剥夺凶犯的官职，押回原籍，不许逗留片刻。官文只得接受条件，把凶犯交出。阎敬铭一见凶犯，立呼衙役将其捉拿，剥去衣服，当众重杖四十，杖责过后依据律法发配边疆，立即执行。

清官陈宏谋

陈宏谋是清朝雍正、乾隆年间的著名官员。

陈宏谋担任东阁大学士后，有个广西的官员想巴结他谋取一个肥缺。一天，这位官员送来一方雕刻精美的砚台，说这砚台相当稀罕，写字不用添水，哈口气就会有水出来。陈宏谋说，京师的水一担才一文钱，自己就算写一辈子也花不了几文钱，这个砚台对他无用。这位官员不死心，又给他送来一只玉龟，说可以按摩、挠痒。陈宏谋说，这个确实是稀世珍宝，但自己已经有了无价之宝，那就是“不贪”。广西官员只能灰溜溜地走了。

陈宏谋敢于弹劾奸弊，最著名的一件事是三次弹劾广西巡抚金鉷。雍正后期，陈宏谋因母亲病故乞假回乡，了解到当时广西巡抚金鉷虚报垦荒亩数，谎报政绩。他不惜触犯“官员不得言本乡事”之忌，上奏雍正帝，雍正帝命云南总督尹继善亲往查实。不久雍正帝去世，乾隆帝继位。乾隆元年（1736年），陈宏谋又上奏乾隆帝，金鉷“欺骗朝廷，掩累百姓，上报垦荒不下二十余万亩，实际上连一亩都没有”。乾隆帝命两广总督鄂弥达详细查实。

第二年，陈宏谋又提起这事，乾隆帝很不高兴，斥责他“渎奏”，下旨将他降职三级，在京候旨。不久，鄂弥达等人查清了金鉷虚报垦田亩数的事实，乾隆帝便将首犯金鉷革职处置，并迅速恢复了陈宏谋的官职。

纪律

规矩准绳

■ 中国传统政治文化历来注重规矩。这些规矩，既包括官员如何运用权力方面的制度规定，也包括官员衣食住行等日常生活行为中的纪律约束。没有规矩，不成方圆。中国文化中的规矩，有的以法律规章的形式表现出来，有的以礼仪习惯的形式表现出来，既是准绳，又是底线，也是立身处世的原则。守规矩、讲纪律，是政治清明的需要，也是个人发展的需要。

西周时期的“六廉”

西周时期就开始对官员进行考核。当时周天子之下地位最高的官员是大宰。大宰负责统领所有官员，职责是辅佐周天子治理国家。大宰之下，专门负责监督和考核官员的职位有小宰和宰夫。

小宰是大宰的副手，主要负责对官员的监督考核。小宰考核官吏所依据的主要标准是“廉”，共有六廉：廉善、廉能、廉敬、廉正、廉法、廉辨。“廉善”是指既廉洁又善于做好工作，能获得公众好评；“廉能”是指廉洁而又能推行政令，较好地贯彻各项法规；“廉敬”是指廉洁而又绝不懈怠，勤勉努力；“廉正”是指廉洁而又做事公正；“廉法”是指严格执法、守法；“廉辨”是指廉洁而又能明辨是非。由此可见，西周时期考察大小官吏的政绩皆以廉为本。这也表明，西周时期关于廉政的认识与制度措施已经较为完备，并把官吏的道德人格和施政能力作为是否廉政的标准。

小宰之下有宰夫，负责考核百官政绩并上报给上级，作为对官员奖惩的依据。每到考核时间节点，宰夫就要求官吏整理上交账目，以考核官吏的政绩。如有不及时实施国家政策的官吏，则由大宰加以惩罚。每年年初，宰夫要对各级官吏进行法律方面的警示教育，让他们做好工作，并记录好其中的贤能者，向上级汇报，以待奖赏。

秦代的御史监察

秦代在中央官僚机构中第一次设立了御史大夫，其官位仅次于丞相，主要协助丞相治理国家。但实际上，御史大夫的职责并不仅仅是辅佐丞相处理国政，其本职在于维护法律规范，以及弹劾和举报官员的违法行为，可以代表皇帝纠察百官，甚至弹劾丞相。御史大夫这一官职具备监督、考察百官的职能，其设立对于督促朝廷内外官员勤政、廉政具有积极作用。

御史大夫手下的属官主要有御史中丞、侍御史和符玺御史等，其中御史中丞尤为重要，主要负责管理御史府内事务、统领其他属官以及行使对百官的监督权。由于秦代实行郡县制，天下分为三十六郡。因此，为了郡县制的统治需要，朝廷在各郡设立“守、尉、监”。“监”即监郡御史，负责各郡的监察事务，是秦代地方官僚机构中的重要组成部分。他们由中央委派差遣，巡行地方，负责监察地方郡守、郡尉。除监察权外，监郡御史还有推荐人才的职权，如萧何在秦末曾经担任泗水卒史，工作表现突出，泗水郡的监郡御史比较赏识萧何，建议上级提拔他。

秦代从中央到地方设立了一个较为完整的御史系统，且御史的责权范围较为宽泛，权力也比较大。除了监察百官、掌握朝廷文献等职责，还可以行使司法权，对官僚体系的管理和监督起到了积极作用。

秦代对于以权谋私的纪律约束

秦代对于官吏的职务犯罪有着严格的法律约束，规定官员凡有不胜任职务、不廉洁、量刑轻重不合实际、故意放走罪犯、违背法令等行为，都要受到严厉的惩罚。《史记·秦始皇本纪》记载，秦始皇曾经把违法的官吏流放到边远地区修筑长城。

秦律还规定严禁擅自挪用公共财物。私自使用官府的马车、牛车等公物，属于违法行为，相关官吏要受到惩处。对弄虚作假的官员，实施巨额罚款并革职。此外，调离的官员不得带走原任时的老部下，同时禁止任用已经被剥夺了任官资格的人，否则负责任命的官员要受到惩罚。

在秦代，官吏经商也是被明令禁止的。基层官员利用驮运行李的马来做生意谋求利益，被发现后都要受到流放的惩罚。为了防止官员谋私，秦代规定收取工商业管理费用时要把钱放在特制的钱缸中，否则要罚巨款。这样的规定是为了将公共管理行为公开化，从而减少贪腐行为。

秦代对官员的日常公务行为也有细致的规定，如上级官员到地方检查工作要自带干粮，不许发号施令要求地方提供。有些规定还涉及官员出差时的饮食标准，如御史到地方巡视，只能吃小米饭、蔬菜羹、韭菜或者大葱蘸酱。这说明，秦代对于官吏的管理已经有了不少制度化、标准化的纪律规定。

约法三章

公元前206年，刘邦率领大军攻入关中，到达离秦都咸阳只有几十里路的灞上。子婴在仅当了四十六天的秦王后，向刘邦投降。刘邦进咸阳后，本想住在豪华的王宫里，但部将樊哙和张良告诫他别这样做，免得失掉人心。刘邦接受他们的意见，下令封闭王宫，并留下少数士兵保护王宫和藏有大量财宝的库房，随即退驻灞上。

为了取得民心，刘邦把关中各县父老、豪杰召集起来，宣布废除秦朝的严刑苛法，并和众位约法三章：杀人者要处死，伤人者要抵罪，盗窃者也要判罪。父老、豪杰都表示拥护约法三章。接着，刘邦又派出大批人员到各县各乡去宣传约法三章。百姓们听了，都热烈拥护刘邦。

刘邦还补充说："秦朝原来的地方官吏全部继续留任，士农工商也照旧从事自己的本业。"他再一次重申："你们尽管放心，我们到这里来，绝不会侵扰百姓。现在暴虐的秦朝已经被推翻了，我把军队撤到灞上，是想等候各路诸侯到来，再为大家制定一个共同遵守的详细规约。"

关中老百姓看到刘邦如此宽宏大量，义军秋毫无犯，和以前秦朝的军队的确不太一样，一个个欢天喜地，赶着牛羊，背着粮食，争先恐后地慰劳刘邦及其军队。

东汉的“三互法”

东汉桓帝时制定了“三互法”，是一种官员任职回避制度。“三互法”指甲州人在乙州做官，乙州人在丙州做官，那么丙州人既不能在乙州做官，也不能在甲州做官。

依照“三互法”，任官应该回避的情况如下：

一是避籍，即本籍人士不得到本籍任官。

二是避亲，两州人士有婚姻关系者，其本人和家人不能到对方州县任官，同时两州人士不得交互为官。如桓帝时，史弼迁为山阳太守，其妻为山阳郡巨野县薛氏女，因为“三互法”的回避要求，转拜平原相。因为巨野县属山阳郡，史弼自请回避其妻家之籍，这说明“三互法”当时在官吏任用中得到实施。

三是避近。汉代地方长官任职时既要避籍、避亲，又要避近，一些重要的地区和关键职位不得由亲近的人担任，如皇帝的亲戚不能在京城做官，宗室成员不能担任河东、河北及河南的地方长官，外戚不宜做九卿等。

值得注意的是，汉代州、郡、县的属吏必须用本地人，以解决地方官吏因避籍而导致对任职地环境不熟悉的弊端。但“三互法”也有弊端，因禁忌过于严密，往往导致找不到合适的官员人选。东汉后期，幽、冀二州的长官，“久缺不补”。按照“三互法”，全国十三个州中，有十一个州的人不得担任幽、冀二州的长官。

汉代的“刺史六条”

汉武帝把全国划分为十三个州部，每州为一个监察区，设置刺史一人，负责监察所在州部的郡国。《汉书·百官公卿表》载：“武帝元封五年初置部刺史，掌奉诏条察州，秩六百石，员十三人。”刺史有明确的职权，即“奉诏六条察州”，这“六条”是：

一、限制地方大族兼并土地，反对其横行乡里。

二、打击俸禄二千石官员以权谋私的不法行为。

三、打击俸禄二千石官员执法不公平。

四、打击俸禄二千石官员在察举士人时偏向亲己。

五、打击俸禄二千石官员子弟的不法行为。

六、打击俸禄二千石官员和地方大族相互勾结。

对刺史的职权作出明文规定，既可以为刺史行使权力提供依据，又可以防止刺史滥用职权干扰地方的正常行政事务。设置刺史的范围是十三个州部，刺史往往很有政治前途，“居部九岁，举为守相”。

刺史没有固定的治所，但地位在郡国之上。他也不受丞相的制约，而是直接隶属于中央的御史中丞和御史大夫。刺史的俸禄很低，只有六百石，这常能促使他们为了追求更好的待遇而加紧监察地方以取得业绩，比用更高的官员去监察地方大员更能起到好的效果。刺史制度是对以前监察制度的发展，是一种比较完善的地方监察制度。

唐代对官员以权谋私的处罚

唐代对官员以权谋私有许多处罚规定。唐律规定：官员窃取自己管辖的财物要比普通的盗窃罪加重二等处罚，赃额满三十四绢帛的，则要处以绞刑；官员指使他人聚敛所辖地区的财物或者赠送他人，虽然自己不直接获益，但是要按聚敛所辖地区百姓财物的罪名论处。

唐律还规定了惩治官员因账簿保管不慎而造成物资数额有差错的犯罪行为。朝廷之所以要对这类情况进行惩处，是考虑到某些官员借口丢失账簿而盗取官物。唐代凡属官有的物资，都要设立账簿。根据这条律文，如果主守官吏丢失了账簿致使物资数量有差错，则计算差错数额并按照主守官吏未察觉致使官物被盗的罪名处罚。违反规定的官吏，即使已经被解职，也要追究法律责任。

唐律规定，超出编制胡乱录用官员的，要受到相应惩罚，非法录用十人以上就要被判处两年徒刑。同时，继任官员默认前任超编以及嘱托请求通过超编而得官的情况，都要受到相应处罚。

唐律还有禁止官吏经商牟利的规定。官吏利用职权在辖区内招徕客商运送赋税物资属于变相贪污，以坐赃罪论处。唐代严格区分官员和商人，凡是经营工商业或者在辖区内与民争利的，都不得继续为官。上述规定对于避免官民矛盾、防止官民争利，具有积极作用。

宋代的磨勘法

宋代官员提拔，如地方官改任京官等都要用磨勘法进行考察。

磨勘的主要内容是考察有无公私罪。“公罪”是指官员任职期间的失职行为，如人命事件、滥用权力、嗜酒废职等。“私罪”是指官员任职期间因私而违礼、违法的犯罪行为，如贪赃枉法、侵占官物、不孝、奸淫等。官员犯公私罪则由刑部、大理寺、审刑院等司法机关处理并记入档案。朝廷提拔官员时，审官院等机构要审查官员有无公私罪等犯罪记录。

磨勘制度对官员任用影响较大。磨勘合格者予以提拔，不合格者则要等到下次合格才有升迁的机会，如在磨勘过程中发现有违纪情况，相关人等都要受到处罚。宋真宗时，有一位叫张祥的官员，曾犯贪赃罪被罢黜，后来复出从主簿提拔到县尉，三任考核成绩都比较好。但在磨勘时发现其曾经犯过罪，真宗认定此人不能做主官，只能做幕僚，便不再提拔他。

正因为磨勘对官员提拔如此重要，无论朝廷还是个人都对之非常重视。苏东坡曾经感叹地说：“今之君子，争减半年磨勘，虽杀人亦为之。”话虽夸张，但磨勘对官员的影响可见一斑。

宋朝的资产回避制度

在中国古代社会，资产主要表现为土地。土地可以传给子孙，也可以收取地租。宋代官员在任职时，有所谓“资产回避”制度。

宋朝曾规定，不许官员“指授有产业去处”，并禁止官员在自己管辖区内买田置业。宋真宗时，曾有浙江华州知州崔端在辖地创置产业，事发后被弹劾，追究罢职，产业没收。《朱熹集》记载：宋孝宗时，朱熹受命担任江东提刑，他再三辞免，理由是“祖乡徽州婺源县，正隶江东，见（现）有坟墓、宗族及些小田产，合该回避”。

宋朝还有一项特殊的回避制度，那就是宗族、妻家在该地拥有田产物业的当事人不能在此地做官。《吏部条法总类》规定，凡新上任的官员在上任前都要先验实任职地有没有祖产或者妻家田产。

宋朝官员买田地，都在异地。欧阳修在颍州买了一块地，安度晚年；苏东坡在杭州做官，却没在那里买地，而是在常州买了一块地，准备在那里安度晚年。

由于宋朝的回避制度很繁杂，吏部任命官员时，未必都能搞清楚。因此，宋朝还规定，官员接到任命后，三十天之内要“自报”有无应该回避的地方，如果不报，事后发现，“杖一百”。

宋朝的密封誊录制度

宋太宗淳化年间，为防止科举舞弊，采用监丞陈靖的建议，推行“糊名考校法”，即在考试阅卷时，把考生试卷上的姓名、籍贯糊住，决定录取后再开拆弥封。

《梦溪笔谈》卷九记载，宋仁宗时，郑獬颇有才气，国子监解送优秀生员参加会试，郑獬名列第五，心里很不服气。他在例行向国子监写的感谢信中大发牢骚，将自己比作“骐骥”“巨鳌”，而将前四名同学比作“驽马”，更骂主司是冥顽不灵的“顽石”。主司很生气，后来主持殿试时，将类似郑獬笔迹、文风的卷子通通斥逐。当时，宋朝尚未实行“誊录法”，这位主司满以为能刷掉郑獬，殊不知拆封以后，郑獬却以状元及第。

“糊名考校法”实行以后，科举考场规范严密了许多。但是，考生通过在试卷上做标记、写暗语等方式，提醒阅卷者自己的身份，仍可徇私舞弊。为此，科举考试又实行了“誊录法”，方法是在试卷交上来后，先由弥封官将卷面折叠，封藏应试者的姓名，编上红号；然后由誊录人员将试卷用朱笔誊写，称为“朱卷”，再将它送给考官评阅。放榜的时候，按取中的“朱卷”红号调取“墨卷”拆封，最后唱名写榜。

“糊名考校法”和“誊录法”作为一种制度上的保障，为大多数考生提供了一个公平竞争的机会，是科举制度日臻成熟的一种表现。

宋代官邸制度

官邸制是官员的住房制度。古代的县衙、府衙其实都是官邸，产权是朝廷的，谁来当官谁就住在衙门里。官邸制的核心就是“铁打的衙门，流水的官”。

宋代不再为京官提供免费住所，京官可以自己买房。但京城的房价很高，一般官员根本买不起。皇帝有时会特别赏赐皇亲国戚和极少部分高级官员住宅，如北宋画家王诜娶了宋英宗的女儿后，英宗赏赐他一所占地几十亩的大别墅。而北宋宰相寇准为官四十年，依然终生四处租房借居。

宋朝官制规定，地方官三年一任，在京官员亦不固定。因此，非京官不会置备房产，而是居住在官舍，家属可以同时入住，但无实权的官员亦无官舍可住。宋代在制度上规定修缮官舍或租用的公房必须逐级申请，如果等不及自己修缮则会受到处罚。

官邸的所有权属于国家，官员只有居住权和使用权。如果离任，连宰相杜衍这种高官都要搬离官邸，而且不能带走官舍的任何物品。据《萍洲可谈》记载，王安石从江宁知府任上退休后，他的夫人把官舍里一张破旧的藤床带回了家，后来却被郡吏要了回去。

南宋时期规定，官员退休后，三年内不允许在任职地居住，如果在当地有亲戚或财产，三年后也不允许居住，否则判处一年徒刑。

元代监察官员的十条纪律

元代监察官员的职权比较大，但朝廷对监察官员的管理和考核也颇为细致。这样做是为了避免对监察官员本身缺乏足够的监督。元世祖时规定，监察官员如果不弹劾、纠察腐败官员，就会与犯罪官员罪名相等。

对于监察官员的日常行为，元代有严格的纪律约束。例如，对于肃政廉访司的官员就有如下的限制：

其一，不准擅离职守；

其二，必须服从调配；

其三，不得擅自增设官吏编制；

其四，不得接受礼物；

其五，不得同监察私下宴请；

其六，不得宿娼饮会；

其七，巡按去处不得求娶妻妾；

其八，巡查时不得带妻子亲眷、闲人和长行马匹同行；

其九，巡察时不得增带随行书吏；

其十，不得以私事役行公吏等。

这些细密的规定纪律在各个方面约束着监察官员的言行举止，防止其在还没有触及监察对象的腐败问题之前，就已经倒在“糖衣炮弹”之下。

明朝考核制度

明朝吏治很严，《大明律》规定，官员违背上班纪律，最多能打八十大板。那时官员上朝不仅很早，而且有段时间还规定官员不准骑马坐轿，大家只得摸黑提前出发，时间紧张时只得一路小跑。一次，下雨路滑，有个官员怕迟到，结果一不小心掉进了紫禁城外的御河。

明朝的官吏考核直接分为称职、平常、不称职三等，对于不称职的官员一般要进行处罚，有的降职、调任，有的撤职，其比例通常都不小。以洪武十八年（1385年）为例，当年参加考核的官员共有4117人，除去被处罚的官员之外，考核结果为称职的约占10%，为平常的约占70%，为不称职的也约占10%。

官员考核完毕，朱元璋通常会让礼部大摆宴席，考核为称职的官员可以坐着吃，考核为平常的官员可以站着吃，而考核为不称职的官员则让其站着不给吃的，以此鞭策和警示官员。至于贪赃枉法的官员，当然只能在牢狱中了。

明朝中期以后，张居正整顿吏治，专门制定了“考成法”，把朝廷各部要完成的工作细化成账簿，完成一件勾销一件，全部完成后六科给事中、都察院、内阁才出具完成意见，否则按未完成处分。张居正执政期间，因“考成法”考核不过关而直接被裁革的官员占到总人数的30%，当时官员已不是“末位淘汰”而是“末段淘汰”了。

明朝服饰制度

明朝建立后，对整顿和恢复礼仪特别重视，废除了元朝的服饰制度，并根据汉人的习惯重新制定服饰制度，对违反规定者的处罚也比较严格。

《大明律》卷十二规定：若官民的服饰器物有违法僭用的，司法官要将其缉拿问罪，严加惩治，官员罢官，打一百棍，百姓及其家长各打五十棍；若僭用了龙凤纹章，官民各打一百棍，判三年徒刑。明法典规定：只有王公贵族、官员，才能使用锦绣、绫罗等服饰面料；庶民则只能用绸、素纱；商人因位居四民之末，是朱元璋要大力抑制的对象，所以连绸、纱都不准使用，只能用绢和布。服饰等级制度可不是随便说说的。整个洪武年间，朱元璋屡次申述服饰禁例，一旦有人违犯，就会受到严厉制裁。有关鞋类方面，当时有百姓不许穿靴的禁令，三十八位南京市民就因违反了此禁令而被充军了。

蟒袍与皇帝所穿的龙衮服相似，是皇帝对内使监宦官、宰辅蒙恩特赏的赐服。嘉靖十六年（1537年），兵部尚书张瓒觐见时，穿了一件有点像蟒纹的衣服，明世宗见后大怒，责问阁臣夏言说：“尚书只是二品，为什么私自穿带蟒纹的衣服？”夏言答道：“张瓒穿的是一件钦赐的飞鱼服，色彩鲜明，有点像蟒罢了。”世宗说：“飞鱼为什么绣了两只角？”于是，世宗下令严禁此衣。

古代是如何禁止公款吃喝的

中国古代社会是“家天下”，天下都是王或皇帝家的。既然天下都是皇帝的，那公款吃喝花的钱也是皇帝家的，皇帝也心疼，所以会采取措施限制吃喝之风。

《汉书·景帝纪》记载，刘启当皇帝前后国家连年歉收，而官员公款吃喝、铺张浪费的事并未因此减少。刘启即位后下诏：凡到地方后接受公款招待的官员，一旦被发现立即免职。后来下属反映处罚太重，刘启接受宰相申屠嘉等人的建议，于公元前156年农历七月重新下诏：凡接受吃请的官员，餐费自理，吃多少赔多少，但不再免职。之后，历朝都制定了相应的限制公款吃喝的办法。

宋朝对官员吃喝的行为管理极严，凡“下基层”公干、外出视察的官员，都有统一的就餐标准，一律供应“券食”，超标受罚，随同吏员也不例外。文学家苏舜钦也曾因公款吃喝落马。他曾任集贤校理、监进奏院，其岳父杜衍时任宰相。一次，他将公家的废纸卖掉，用所得收入买酒设宴，还招来乐伎助兴。结果，杜衍的政敌得知了此事，立即指使御史弹劾苏舜钦。苏舜钦以“自盗”罪名被免职，并被赶出京城。

古代关于骑马坐轿的规矩

衣食住行与人的生活息息相关，中国传统社会对于出行也有详细的制度规定。乘车、骑马、坐轿，不同时代有不同的规定。

周代的车马制度规定，天子乘坐六匹马拉的车，诸侯乘坐五匹马拉的车，卿乘坐四匹马拉的车，大夫和士的车分别用三匹马和两匹马，庶人只能坐一匹马拉的车。

在汉代，商贾不准乘车、骑马；在唐代，工商、僧道、贱民不准骑马；在元代，娼妓不准乘坐车马。唐代规定：士庶不得坐轿，只有当朝一品宰相、仆射在身患疾病时才可以坐轿；其余朝官，不论品位高低，不许坐轿；即使朝廷命官出差途中患病，也必须陈请中书门下及御史台，经批准后才能乘轿。

由于坐轿耗费的人力成本较大，历代都有较为详细的规定。宋哲宗在位期间，曾颁布了一项特别禁令："禁京师人士舆轿。"不光不准官员坐轿，连比较富裕的人士也不准乘轿。但也有例外，如四朝元老的司马光，哲宗念他辅佐过四代帝王，行动不便，因此特许其可以坐轿上朝，但年高德勋的司马光却坚决拒绝这种特殊待遇。

明清两代，对官员坐骑都有严格的规定。明初法令规定"文武大臣皆乘马"，清初规定武官不许坐轿。这些规定都体现了朝廷对官员节俭出行的纪律要求。

清朝的"避籍"制度

中国古代有"千里为官"的说法，这种说法与官员任职时的籍贯回避制度有关。

明清时期的回避制度更加严格。明朝规定"南人官北，北人官南"，只要想做官，就只能穿越半个中国到外地任职。清朝法律略有缓和，只规定不得本省为官。时人一旦为官，便要拿着身份证明到五百里外的地方上任，称为"避籍"。

《大清会典事例·吏部·处分例》中有这么一则记载：乾隆四十三年（1778年），浙江绍兴府通判一职出缺，顺天籍张廷泰中选。户部官员将浙江绍兴府通判张廷泰引见给乾隆皇帝。乾隆帝在听张廷泰所奏其履历时，听出其似乎带有绍兴口音，便加以询问。张廷泰解释说，自幼曾随父亲在绍兴居住数年，所以会讲当地的土音。乾隆帝为此下谕道："张廷泰如此与寄籍绍兴有何不同，何况他的话尚且不能令人信服。通判虽然不是要职，但本地人在当地做官与本朝体制不合。"因此，下令将张廷泰交福建巡抚钟音在福建的通判内调补。与此同时，乾隆帝以张廷泰的事例举一反三，又说这种隐匿不报的行为都应治罪。

一代廉吏于成龙，籍贯山西，于顺治时中进士，分到广西罗城任知县。其后，又升任四川合州知府，再到武汉、南京任职，官至两江总督，直至去世，也未回原籍。

古代对贪赃枉法罪的刑罚

据史书记载，早在夏朝建立之前皋陶造律时，便已出现了惩治官吏贪污的规定。

《唐律》首次在法律中明文规定了六种非法占有公私财物的犯罪——“六赃”。《唐律》规定，赃值一尺绢帛杖八十，满五匹徒刑两年，三十匹处绞刑。

宋朝也制定了一些惩治贪污受贿犯罪的单行法规，如颁行于宋神宗三年的“诸仓丐取法”。当时，神宗发现京师诸仓普遍有亏损克扣的情况，就令三法司起草法令，严厉禁止。同时，提高仓场吏人的俸禄，并将“六赃”制成图表标在律首。宋朝把“监守自盗”列于“六赃”之首，重点打击官吏贪污受贿，而且对其处罚也最为严厉，规定贪污银子二十两即处流刑，四十两即处斩刑。同时，为防止国家财产的流失，严厉追赃，直至赔补全部家产，若犯人已死，即在其子名下追赃。

明清时期对官员贪赃枉法的惩处一直保持高压状态，贪赃达到五十两就要流放二百里以外，贪赃八十两就要处以死刑。八十两银子是清代二品官的半年俸银，五品官的一年俸银。明清时的二品职官大致类似于现在的省部级干部，五品官类似于现在的副厅级干部。官吏所贪赃物达省部级干部半年工资以上数额、副厅级干部一年工资以上数额，即判处死刑。

司法回避制度

在中国传统社会中，大多数朝代都有司法回避的规定。《唐六典·刑部》中明确规定，法官审案遇有特殊情况时必须回避，另换他人来审理。所谓“特殊情况”包括：一是五服以内的亲族和大功服以上的姻亲；二是曾向自己传授过知识的老师；三是曾做过本部的都督、刺史、县令和府主的人员；四是与自己有仇嫌的人。据此可将唐朝的司法回避制度分为四类，即近亲回避、师生回避、僚属回避和仇嫌回避。

明朝司法回避制度的一项重要内容，就是关于“监察御史”和“按察司官”适用回避制度的明文规定。《宪纲事类》规定：凡是监察御史、按察司官追问公事，中间如有仇嫌之人，应该向上级请示回避。如果有违反规定且诬告他人者，把被诬告者所应得的刑罚反过来加在诬告者身上，并对诬告者在反坐罪上加二等科罪。另外，明朝法官回避制度有“再审必须移调”的规定。

清朝首创“刑名幕友”回避制度。“幕友”俗称“师爷”，帮助官员处理实际的司法事务。在清朝雍正、乾隆、嘉庆年间都有规定，各省督抚每年报奏幕友的姓名、出身、人品事迹等，并且规定入幕五年必须更换。嘉庆年间上谕，各省督抚不得留属员入幕，也不得任用幕友为自己的下属官员。

师生回避制度

中国历史上的师生，包括授业师生和乡试、会试中的考官与考生。中国古代以科考取官为主，该科主考官与考中生员即为师生关系，因为乡试考中者为举人、会试考中者为进士，都是从此进入官场，故当时很讲究座师与门生、同年与同年（科举时同榜录取的人互称同年）的关系。

宋孝宗淳熙五年（1178年），对参与科考的誊录、对读、封弥、监门等官员提出了回避的要求，并写入法令条文，科举回避制度进一步严密。

宋朝建立之初，司法案件的检查、勘验者与审判者，如果是科举同年的关系，必须要回避。宋真宗时期，朝廷又规定：司法官员只需回避同年同科者，同年不同科者不在回避的范围之内；随后，又取消了既是同年又是同科及第官员互相回避的规定。

清朝规定：门生与座师为上下级关系的，门生官大时，座师要回避；门生官小时，座师要及时上报，以便备案。牵涉到刑名钱粮等的重要职位和案件，师生有直接上下级关系时，均以官小者回避。

为了保证科举的公正性，唐朝开元时代起，凡与考官有亲故关系的考生，都必须回避，到他地另行考试。到了宋朝时，钟鼎之家的子弟们在科举考试后，必须再加试一场，以示公允。

纪律

廉洁自律

■ 中华民族拥有丰富的廉政文化遗产。中国历史上产生了辉煌灿烂的廉政思想，制定了丰富严密的廉政制度，出台了许多奖廉惩贪的律令，尤其是涌现出包拯、海瑞、于成龙等一批清官廉吏，留下了不少廉洁自律的故事。自律主要表现为自我的道德约束与外在的规范共同构筑起反腐倡廉的坚固堤坝。

魏献子纳谏拒贿

春秋时期，韩宣子年老，魏献子为正卿，主持国政。魏献子的儿子魏戊被派到梗阳做大夫。

一次，梗阳发生案件，魏戊不能裁断，就把此案直接交给主持国政的魏献子裁决。为了打赢官司，梗阳的案件当事人给魏献子送上女乐，以求通融。魏献子很高兴，准备接受。魏戊听说后，马上找到大夫阎没、叔宽，对他们说："父亲以不贪财、不受贿赂而闻名于诸侯，如果这次接受了梗阳人的贿赂，会毁了他的清誉。请你们一定要劝谏他。"两人答应下来。

一天散朝后，阎没、叔宽并未走，在庭下等待机会劝谏魏献子。魏献子准备吃饭，见他们没走，就召他们一起用餐。在用餐时，两人连续叹了三次气。吃完饭后，大家坐着聊天，魏献子问他们："我听人说，吃饭的时候应该高高兴兴的，你们吃饭时却连叹三声，这是为什么呢？"两人起身拜辞说："我们非常感谢您赐给我们酒食，刚开始时，担心饭菜的量不够，故此叹气；吃到中间时，感到内疚，您请我们吃饭饭菜怎么会不够呢？所以再次叹气；等到您吃完，我们见您吃的并不多，只是刚饱而已。我们以小人之心度君子之腹，过于贪婪了，故此又叹气。"

魏献子听出他们是在暗中提醒自己不要贪心，于是就拒绝了梗阳人的贿赂。

子产拒贿

春秋时期郑国的相国子产喜欢吃鱼，有人投其所好，给他送去鱼和大米，却被拒之门外。别人问他：“您不是很喜欢吃鱼吗？为什么有人送鱼，您却不收呢？”子产说：“正是因为我喜欢吃鱼，所以才不收别人送的鱼。如果我收了鱼，就是受贿，会失去相国的职位。到那时，我无职无权，再也不会有人给我送鱼了；而且我连俸禄都没了，自己也买不起鱼。我不收别人送的鱼，正是为了一辈子有鱼吃呀！”

一次，贵族丰卷要祭祖，请求打一次猎，猎一些野味。子产拒绝了他，并对他说：“根据制度，只有国君能用猎获的野兽祭献，臣子用一般的家畜就行了。”

子产逝世时，因一贯廉洁奉公，家中没有积蓄为他办丧事，儿子和家人只得用筐子背土，将他埋在新郑西南的陉山顶上。消息传到郑国臣民的耳中，大家纷纷捐献珠宝玉器，帮助他的家人办理丧事。子产的儿子却不肯接受，老百姓只好把捐献的大量财物，抛到子产封邑的一条河流中，来悼念这位值得敬仰的人。珠宝在碧绿的河水中发出绚丽的色彩，河水泛起金色的波澜。这条河就是现在郑州市有名的金水河。

子罕辞玉

子罕，春秋时期宋国贤臣。

宋国有个人得到了一块美玉，把它献给了子罕，子罕不肯接受。献玉的人说："我已经拿给玉工看过了，玉工认为它是宝物，所以我才敢进献给您呀！"子罕说："我把不贪婪当作宝物，你把美玉当作宝物。如果把玉给了我，那么我们两个人都丧失了宝物，不如各人保有自己的宝物。"

献玉的人叩头，然后对子罕说："小人怀中藏着宝玉，到哪里都不安全，还是把它送给您吧。这样就可以免于被人谋财害命了。"于是，子罕就把美玉放在自己的住处，让玉工雕琢它，然后又卖了出去，把钱给了献玉的人，使他成了富翁，然后送他回家了。

子罕的邻居是个鞋匠，由于邻居家的地势较高，一到下雨天积水就不断地流入子罕的院中。一天，士尹池看到后问："你贵为宋国大臣，怎么能容忍此事？"子罕答道："邻居祖孙三代都为别人做鞋，在都城内很有名气。我如果动用自己的权力把他们赶走，买鞋的客户找不到新址，会影响他们的生意，甚至使他们无法生活。我于心不忍，委屈下自己也没关系。"士尹池听完，对子罕佩服得五体投地。

孙叔敖的封地

春秋时期，楚国相国孙叔敖，掌握军政大权。孙叔敖是前任相国虞丘子引荐的，虞丘子说自己年老了不如孙叔敖有才能，自动请退，让孙叔敖接任相国一职。

孙叔敖当了相国后，勤勤恳恳地办事，果然把楚国治理得很好。一次，虞丘子家里有人犯了法，当时大家觉得孙叔敖不会拿虞丘子家人怎么样，毕竟虞丘子对他有推荐之恩。但孙叔敖很公正地治了那个人的罪，依法判处死刑。当时，楚国很多人都说孙叔敖忘恩负义。虞丘子知道后，表示理解，也没有责怪孙叔敖不讲情面。后来，他见到了楚庄王，很得意地对庄王说："我不是说过，孙叔敖是个挺能干的人。这回您相信了吧？"庄王高兴地说："我得谢谢您推荐了这样一位好相国哪！"

孙叔敖病危，临死前告诫其子说："楚王多次封赏我，我都没有接受。假如我死了，楚王定会封赏你，你一定不要接受肥沃的封地。楚国和越国交界的地方有块叫寝的山地，土地贫瘠，名声很坏。楚国人敬畏鬼神，而越国人事鬼神以求福。你可以长时间享有的，大概只有这个地方。"孙叔敖死后，楚王果然把肥沃的地方封给孙叔敖的儿子，其子没有接受，请求楚王将寝这块山地封给他，后来他的子孙传了好多代都没有失去封地。

上行下效

春秋时期，晏子死后十七年，齐景公请诸大夫饮酒。景公射箭脱靶，堂上的百官叫好如出于一人之口。景公变了脸色，叹息着丢掉了弓箭。

弦章进来。景公说："弦章！我失去晏子已经有十七年了，此后没有听到过有人说我不对。我今天射箭偏离了靶子，众人还是一致叫好。"弦章答道："这是各位臣子没有才能。他们的智慧不足以知道您的错误，他们的勇气不足以触犯您的威严。但我听说国君喜好什么颜色，臣子就会穿什么颜色的服装；国君喜欢吃什么，臣子就会吃什么。您喜欢别人奉承您，怎么会有人肯进谏呢？"景公说："说得好！弦章你真是我的好师长呀。"

这时，沿海的人进贡了鱼，景公便把五十车的鱼赐给弦章。弦章回家时，装鱼的车塞满了道路。弦章拍着车夫的手说："刚才那些一致叫好的人都想得到鱼。从前，晏子谢绝国君的赏赐，以纠正国君的过失，所以国君有什么错误也不为国君掩饰。如今的那些臣子阿谀奉承国君，为的是求取利益，所以国君射箭偏离了靶子还一致叫好。我帮助国君没有比大家出色却接受这些鱼，与晏子相差太远了！"弦章坚决谢绝了赏赐的鱼。

当时的君子都说："弦章的廉洁，是晏子遗留下来的德操。"

一钱太守

东汉刘宠担任会稽太守时，体察民情，关心民间疾苦，废除了严苛的律令，为民兴利去弊，赢得了当地百姓的爱戴。

不久，因为政绩卓著，朝廷征调刘宠入京任职。在进京的途中，突然从山道旁走出五六位皓眉鹤发的老翁，拦住刘宠。原来他们每人带着一百钱，走了很远的路，特意要送给他，以表示对刘宠的谢意。

刘宠对他们说："我无德无能不能接受。"听到这话，其中一位老人说道："过去几任太守贪得无厌，不分昼夜地搜刮百姓，有时狗吠之声整夜不断，百姓苦不堪言。自从太守您到会稽后，我们再也没有听到夜间的狗吠声，也看不到凶神恶煞般催粮加赋的官吏了。听说大人离开时会路过这里，我们就赶来送送您。"刘宠听后，说："这些事都是我应该做的，还让你们这样辛苦来送我，我实在过意不去啊。"但几位老人非要刘宠收下他们的钱，以表示感激之情。刘宠不忍心拂老人的一番心意，只好收了每个老人一枚钱，就匆匆赶路。

刘宠出了山阴县界，就把钱投到了江中。刘宠投钱入江，以表明他清廉自守的心迹。据传自刘宠投钱后，投钱地段的江水更加清澈。自此以后，"一钱太守"的美名就流传开来。

悬鱼太守

羊续生活在东汉中后期，为官清廉，生活节俭。

一次，一个下属觉得太守的生活实在是太苦了，便送给羊续几条活鱼让他补补身体。羊续将鱼收下后却把鱼悬挂在厅堂上，没有吃。过了一些日子，那个下属又给他送来几条鱼，羊续用手指着厅堂上悬挂的干鱼说："你原先送给我的鱼如今还挂着呢，不用再送了。"下属无奈，只好把鱼提走了，以后再也没送过鱼。后来人们便用"悬鱼太守"这一典故称赞清廉的官吏。

羊续的声誉很好，汉灵帝想把他调到朝中任太尉。但是，按当时相沿成习的规矩，凡是升任三公者，都要向朝廷派来的官员送礼，数额高达一千万缗。

当宦官到公府后，羊续没有置备酒席接待，只是把自己的旧衣烂衫拎到宦官面前说："这就是我的全部财产。"其余的话不言自明。宦官回到朝廷后添枝加叶地向灵帝作了禀报，灵帝听后也觉得像受辱一般，一怒之下只让羊续做了太常。

羊续临终时，嘱咐家人丧事从简。按当时朝廷的规矩，像羊续这样的官职去世后有丧葬费一百万缗，后来也被其家人全部上缴了国库。明朝于谦曾经吟诗称赞羊续："剩喜门庭无贺客，绝胜厨传有悬鱼。清风一枕南窗卧，闲阅床头几卷书。"

胡质父子

胡质，三国时期魏国官员，政绩卓著，为官清廉。

儿子胡威在魏国国都随母读书，父亲胡质时任荆州刺史，一家人一年多不曾见面，胡威思念父亲就前往荆州看望父亲。虽然胡质位高权重，但胡威却如平民子弟一般，骑着自家的小毛驴匆匆前行，从不因私事打扰公家驿站。如此早行晚息，终于来到荆州。

几天过去了，胡威该回家了，于是去向父亲告别。胡质拿出一匹绢交给胡威。胡威看那绢是贵重之物，心中疑惑，说："孩儿深知父亲清廉高尚，不知此绢从何得来，孩儿不能收受。"胡质先是一愣，继而赞赏之情涌上心头，他笑着说："儿啊，这是我的俸禄所得，省吃俭用留下来的，让你路上卖了去换口粮当路费、生活费的，放心拿去吧。"胡威听了，这才恭敬地接过绢，告别父亲，骑上毛驴返家。

路途中，一位同行人对胡威关怀备至，还把沿途的食宿全包了。问知来历，原来是胡质帐下的都督请假回京探亲，听说胡威也要在几天后回京，便故意拖延几天行程，以便与胡威同路，尽一些恭敬之意。胡威听罢，千恩万谢，立刻把父亲给的那匹绢给了同行者，让他不要再为自己操心、破费，而后各走各路。

关西孔子杨伯起

杨震，东汉名臣，通晓经籍，博览群书，有“关西孔子杨伯起”之称。

杨震教书二十多年，却从来不接受朝廷的征召，直到五十岁时才在州郡任职。大将军邓骘听说杨震是位贤人，便举其为茂才，四次升迁后任荆州刺史、东莱太守。

杨震前往东莱任职时路过昌邑，之前他推举的荆州茂才王密正任昌邑县令。为了答谢杨震对自己的举荐之恩，王密夜晚悄悄带着十斤黄金到驿馆拜见杨震。杨震生气地说：“亏你还认为我们是好朋友，我了解你，你却不了解我。”王密说：“没关系，现在是深夜，没有人会知道。”杨震说：“天知，地知，你知，我知，怎么说没有人知道呢！”说完，生气地将金子扔到地上。王密惭愧地离开了。

后来，杨震转任涿郡太守。他在任内公正廉明，不接受私人的请托，从未给自己置办任何产业。他的子孙蔬食徒步，生活简朴。一些老朋友或长辈劝他为子孙置办产业，杨震说：“让后世的人知道他们是清官的后代，这样的美誉不是远胜于丰厚的产业吗？”

东晋廉吏吴隐之

早年，东晋廉吏吴隐之在谢石手下做主簿。谢石对吴隐之的生活很关心。吴隐之的女儿要出嫁，谢石知道他家穷，“遣女必当率薄”，便吩咐手下人带着办喜事所需的各种物品去帮忙操办。到了吴隐之家，冷冷清清，毫无办喜事的气氛，唯见婢女牵了一只狗要去集市上卖。原来，吴隐之要靠卖狗的钱来做女儿的嫁资！

晋安帝元兴元年（402年），他带着家人南下赴任，途经番禺附近的“贪泉”。据说，凡饮贪泉之水，必失廉洁之性。吴隐之则认为廉、贪在于内心的修养，与“贪泉”无关。于是，他大饮其水，并赋诗言志：“古人云此水，一歃怀千金。试使夷齐饮，终当不易心。”吴隐之此后长期在岭南为官，终生不改廉洁之风。王勃在《滕王阁序》中以“酌贪泉而觉爽”称赞他。

一天，一个属吏送来了许多海鲜。吃饭时，吴隐之看到满桌子的佳肴，惊奇地问哪里来的，家里人告诉他是别人送的。吴隐之处罚了那个官吏，并且当众声明：有贪赃枉法或贿赂者，一律从严惩处治。

真正的清廉之士，不管处在何种环境和条件下，也不管手中有权还是无权，都不会改变自己的品质。

悬瓜太守

苏琼是南北朝时北齐、北周的著名廉吏。

在苏琼担任清河郡太守期间，辖地有一位赵颖，曾做过乐陵郡的太守，八十岁后告老还乡。一天，他摘了两个新鲜的瓜，亲自送给苏琼。苏琼再三推辞不受，老人家竭力请求苏琼收下。苏琼只好将瓜留下，但把瓜放到了大堂的梁上，也不切开吃。

百姓听说苏琼收了赵颖的瓜，都争先恐后来给他送新采摘的瓜果。他们来到门前一看，赵颖送的两个瓜还挂在梁上没有动，大家你看着我，我看着你，只好回去。

苏琼的上司是济州刺史裴献伯，两人的为政风格、治理方法大相径庭。苏琼以恩养人，施仁政恩惠，让百姓休养生息；而裴献伯则以严治人，喜用严刑峻法。一次，乐陵郡守房延佑路过济州，刺史裴献伯向其询问自己的名声如何。房延佑说："百姓都说太守（苏琼）好，刺史（裴献伯）恶。"裴献伯听后心情不爽，并略带诋毁地说："被人称赞的人不一定就正直无私。"

后来，皇帝发布诏令要各州举荐清正贤能的人赴朝廷效命。当苏琼被调至朝廷任职时，裴献伯很担心因以前说过苏琼坏话而被他陷害，但苏琼不以裴献伯曾诽谤过自己而嫉恨他，反而向朝廷陈述了裴献伯的政绩。裴献伯成功升职。人们谈起这件事，都很佩服苏琼的为人。

李光颜拒绝美色

李光颜，字光远，唐朝将领。

唐朝中期，淮西节度使吴元济叛变，唐宪宗命当时驻守开封的都统韩弘讨伐叛军。韩弘与吴元济互有来往，并无讨伐叛军的决心，但当时受韩弘节制的李光颜却积极作战。韩弘不好直接阻止李光颜进军，便企图以美色引诱他，使之丧失斗志。

韩弘找到一个美伎，教她唱歌跳舞、弹奏乐器，并以珠玉金翠打扮她，将她赠给李光颜。使者先将书信交给了李光颜，在李光颜大宴将士时，又将歌伎进献上来，歌伎的容貌姿色绝美，满座将士都惊呆了。李光颜告诉使者说："韩相公同情我客居他乡，赐给我漂亮的歌伎，我蒙受韩相公的恩德诚然深厚。但是，我这里的数万战士丢下家庭，远道而来，在战场上厮杀，我怎么忍心独自以娇声美色娱乐呢！"说着便流下了眼泪，在座的人们也都哭泣起来。李光颜当即在席上赠给使者一束质地细薄的丝织品作为酬劳，连同歌伎退还给他，还说："替我多谢韩相公。我已决心以身许国，立誓不肯与忤逆的贼人共存于世间，就算死了也不会有二心！"

从此，李光颜的部下同仇敌忾，万众一心，历经大小百余次战事，终于平定了淮西叛乱。

陆贽拒贿

唐代名臣陆贽十八岁进士及第，品行端方，为人朴实，一生清正廉洁。

陆贽担任华州郑县县尉时，曾东归洛阳省母，顺道拜望了名重一时的寿州刺史张镒。张镒十分赏识他，和他结成了忘年交，临别时张镒又赠他百万钱，另附其他礼物，说："这是送给太夫人的一点薄礼。"陆贽一再道谢却分文不受，为示领情只收了一点新茶。张镒因此更加看重他，认为他是一位贤士。

陆贽在地方做官时，有"清慎太守"之名，却被同僚视为另类。有人说他沽名钓誉，太清廉以致影响了上下级之间的关系。唐德宗特下密旨，责备他太过清慎，造成下情不通，谕其"如不接受贵重财物，细小物品受些亦无妨"。陆贽立即上奏，严加驳斥并大声疾呼："伤风害理，莫大于私。暴物残民，莫大于贿。"

陆贽升任宰相后，更加严格要求自己。当时，一些跋扈的藩镇节度使倚仗手中权力，各自称雄一方。不少朝官为了自身的利益，竞相同藩镇节度使交往，而藩镇节度使为了随时掌握朝廷动态以取得内援，也总以厚礼拉拢朝官。陆贽作为执掌朝政的大臣，自然成了众多藩镇势力竭力拉拢的对象，但他还是一如既往，一概谢绝。

李勉拒绝接待鱼朝恩

唐代李勉少年时家境贫寒，在梁宋地区游历，与一个儒生同住一家客栈。儒生病重，临死前将自己带的银子交给李勉道：“希望你用这些钱将我埋葬，多余的银子就送给你了。”李勉答应了，将其安葬后，暗中将剩下的银子放在棺材下面。后来，儒生的家属来向李勉道谢，李勉与他们一同挖开坟墓拿出银子交还给他们。

当时，宦官鱼朝恩手握重权。京兆尹黎干为了讨好鱼朝恩，每次鱼朝恩到国子监时，黎干都要动用京兆府的人力，准备数百人的饭菜接待他。

后来，李勉继任京兆尹，鱼朝恩又要到国子监，府吏请求准备饭菜。李勉道：“鱼朝恩任军容使兼管国子监，我如果前往太学，鱼大人应该厚礼款待。我担任京兆尹，鱼大人如果惠顾我京兆府，那才应该由我来准备饭菜！”鱼朝恩得知后怀恨在心，从此不再去太学。

因为鱼朝恩的排挤，李勉不久就被外调为广州刺史。李勉在广州任职六年，一直廉洁自守，所用器物仍为旧物，没有增加新饰品。后来，李勉回京任职，在石门山命令家人、仆人将全家人贮存的珍宝和南方的土特产等物，统统投入江中。家人、仆人虽不情愿，但也把东西从箱底和包裹中拿出来扔掉了。直到将这些物品全部投入水中，李勉才问心无愧地继续北上。

沈伦住佛寺吃青菜

沈伦，字顺宜，北宋开封太康县人，曾两度拜相。

建隆三年（962年），沈伦升任给事中。宋太祖讨伐蜀地，任命沈伦为随军水陆转运使。王全斌、崔彦进攻入成都，争相掠夺百姓家的财物和年轻的女子，只有沈伦拒不参与，住佛寺吃青菜。有人拿奇珍异巧的物品当作礼物献给他，都被他一一拒绝了。大军东归时，他的行李箱中只有几卷图书而已。

沈伦的宅第简陋，但他住在里边却和从前一样平静。当时的权贵大多触犯禁令到山西、陕西一带采购粗大木材营建私宅，事情败露，都向太祖承认罪行。沈伦也曾给母亲采购木材修建佛舍，因此也向太祖奏明了这件事。太祖笑着对他说：“你没有触犯禁令。”太祖知道沈伦没有修葺宅第后，就派太监按照图纸监督工匠替他修建。沈伦暗自告诉太监，希望修得狭小一点儿，太监告诉了太祖，太祖让太监按照沈伦的意思去修建。

沈伦清廉谨慎，信奉佛教，相信因果报应。曾经在盛夏时坐在房里，让蚊虫任意叮咬自己，书童拿着扇子想拍打，也被他制止，希望以此得福。他在担任宰相时，赶上饥荒，只要有乡里人来借粮食他都借，差不多借出去一千斛。一年后，他把借条都烧掉了。

清节名士刘温叟

刘温叟，字永龄，河南洛阳人，北宋初年的廉吏。

按照宋初御史府旧例，每月赏给官员公用茶钱，御史中丞得钱一万，公用不足就以罚款补充。刘温叟厌恶罚款之名而不取用。

一天，一个青年来到刘府，自称是刘温叟的学生，说自己载来一车粮草送给老师聊谢师恩。刘温叟百般推辞不掉只好答应收下，但当即回赠了一套华丽的衣裳，其价值高于一车粮草数倍，其意不言自明。青年见达不到行贿送礼的目的，只好将粮草拉了回去。自此以后，其他人再也不敢前来送礼了。

宋太宗赵光义任晋王时，听说刘温叟为人廉洁正直，便派人送给他一大笔钱，刘温叟见储君送钱来，不敢拒绝，存放在厅西舍房中，命令府吏封署后离去。赵光义以为刘温叟已经用了这笔钱，便在第二年端午节，又派人送去角黍、执扇，所派的人正好是去年送钱的人，看见西舍封条还在，回来后告诉了赵光义。赵光义说："我的钱他尚且不用，何况是他人的钱？从前接受，是不想拒绝我；现在过了一年还不启封，他的清高可想而知。"于是，他命令官吏把所送物品载回。这年秋天，赵光义在后苑侍奉宋太祖用宴，在谈论当世有名的清节之士时，详细讲述了刘温叟以前的事情，太祖再三叹赏。

杨继宗教训孔儒

杨继宗是明朝著名的清官。

成化元年（1465年），朝廷任命杨继宗担任嘉兴知府。一次，朝廷派御史孔儒来嘉兴清理军籍。但是，孔儒在本职工作之外，任意处理地方上的事情，地方官敢怒不敢言。这使他更变本加厉地虐待百姓，经常因为一点点小事将百姓鞭挞至死。这些案件反映到杨继宗那里，杨继宗决定惩治孔儒。

于是，他贴出告示："凡有被御史杖责致死的家庭，家属来府衙报告姓名。"一时间，很多人都来衙门报告，有的人家甚至把被孔儒打死的人的遗体抬来。孔儒听说这些事后十分气愤。杨继宗去拜访孔儒，说："作为御史，你的职责是监察官吏，劝诫惩办官吏。而挨家挨户稽查百姓，则是地方官府的事情，不是你御史的管辖范围。"杨继宗的话是完全正确的，孔儒无法同他争辩，心里却深为忌恨，想找机会报复他。

孔儒离开嘉兴前，突然闯入杨继宗的官衙中进行突击搜查，打开杨继宗的箱子察看，希望能够从中发现杨继宗贪污受贿的物证，以便抓住把柄来打击他。但是孔儒打开箱子一看，不禁大失所望，里面除了几件破旧的衣服以外，什么都没有。孔儒这才知道杨继宗是一位正直清廉的官员，而自己所做的事情很卑鄙，只好惭愧地离开。

清官海瑞

海瑞，明朝著名清官，深受百姓的爱戴，百姓都称他为“海青天”。

海瑞任淳安县令时，穿布袍，吃糙米，自己种菜，只有在母亲生日的时候才破例买了两斤肉。屠夫非常激动地说：“我这辈子终于有机会做海大人的生意了。”总督胡宗宪听说此事后也广为宣扬，认为这是浙江官场的一大新闻。

当时，知县享有所谓“常例”，就是在税收上多收一点，摊派在百姓头上，作为县官的额外收入。海瑞认为这是陋规，革除了历届相传的知县常例。他反对行贿，自己也从来不行贿。有人劝他随潮流一点，他说：“充军也罢，死罪也罢，我都甘心忍受。这小偷行径，却干不得！”

海瑞为官多年，只用积攒的俸禄二百二十两银子买了一处住宅。临终前不久，上级发下的柴火银子多算了二钱，他特地叫人送回去。户部官员清点了他的遗物，只有俸银八两、布一段、旧衣服几件而已，丧事的费用还是同事筹集的。

万历十五年（1587年），海瑞病故于南京任上，朝廷追赠海瑞太子太保，谥号“忠介”。

毛驴县官陆陇其

陆陇其，康熙年间进士，历任知府、监察御史等职。

康熙十四年（1675年），陆陇其担任嘉定知县，外出办公时，从来不坐轿子，而是骑毛驴，因此百姓们称他为“毛驴县官”。他既不喜欢下属逢迎巴结自己，也不去讨好上司。正因如此，他得罪了当时的江苏巡抚慕天颜。

有一年，慕天颜过生日，其他官员争相献纳珍物，趁机讨好巴结他，陆陇其却只送了“布一匹、履二双”这样的薄礼，还说“此非取诸民者，为公寿”，慕天颜笑着推却了。然而，陆陇其的言行却让贪婪无度的慕天颜深感不满。为了调走陆陇其，慕天颜可谓费尽心机。起初，他上疏朝廷，请执行州县繁简更调法，就是在大、小县之间进行知县交流，想将陆陇其调到简县去，结果没有成功。他不死心，又上疏弹劾陆陇其，说陆陇其能力有限，最终朝廷免去了陆陇其的官职。

慕天颜派人到嘉定县衙摘印时，老百姓聚而相争、围而力辩，一连几天都到巡抚衙门请愿，要求陆陇其留任，慕天颜没有办法，只能上奏请朝廷定夺。最终，朝廷同意陆陇其留任。后来，陆陇其又因被人诬告而失去官职。离任时，他只带了数卷图书、织布机等物品，万余名百姓为他送行，之后还为他建造了生祠。

天下第一廉吏

清朝官员于成龙，以“天下第一廉吏”蜚声朝野。

康熙年间，于成龙一直在广西罗城任知县。他带去的随从有的死了，有的离开另谋他职。罗城百姓知道后，更加关心于成龙的饮食起居。每天早晚，都有人专门跑去向他问安，看他需要什么东西。有时，他们凑一些钱送给于成龙，说：“我们知道大人生活清苦，这些钱是我们送给大人的，请大人收下，留着买些油盐酱醋维持生活吧！”每当这时，于成龙总是笑着感谢他们，说：“我一个人生活怎么用得着这么多钱呢？你们拿回去孝敬你们的父母，就像送给我一样。”百姓们只好把钱拿回去。

一天，罗城百姓听说于成龙家乡的人来了，都很高兴，大家奔走相告，说：“大人家里的人来了，我们可以准备一些东西让他带回大人家里。”于是，大家相约又送了一些钱过去。于成龙说：“感谢大家的好意。只是我家离广西六千多里路，他一个人带这么多钱既是累赘，也不安全。”于成龙极力劝百姓们把钱拿回去。百姓们都很感动，跪在地上哭起来，恳求他收下这些钱。于成龙也忍不住流下泪，但仍坚持不收这些钱。

后来，于成龙调任合州知州，离开罗城时，罗城百姓夹道相送，哭声震天，大家牵着他的衣襟说：“大人走了，我们就没有天了！”百姓一直送他到百里之外，才哭着返回。

戴敦之不收“鳖头银”

清代戴敦之以廉洁俭朴闻名于世。

他从江西到山西赴任布政使的途中，按照规定要到京城朝见皇帝。旧时惯例，凡上京官员过境，各州县设宴迎送，馈赠礼品，以示敬意。但他接到任职通知后，就毫不声张地出发了。赴京城途中，他饮食从简，一天只吃六个面饼充饥。戴敦之独行数千里，异常简朴，以至于沿途百姓根本不知道他竟是一位新上任的省级行政大员。

山西当地有个惯例，当官的可享受一笔“鳖头银”。戴敦之上任后，不满地说：“当官的自己有薪水，仆人们由主人发薪水，为什么还要享有额外的金钱？”于是，他便取消了“鳖头银”，走马上任，无任何特殊之举。

不久，他又被调往京城任刑部侍郎。由于职位高升，前来拜访的、求他办事的人也接二连三登门，开始他还很礼貌地接待他们，但对他们所提的一些不合规定的私事一概拒绝。他诚恳地说：“我身居要职，办事更应秉公执法，不能以权谋私。”后来，不管什么人来访，只要不是公事，他都一律推辞不见。

一次，戴敦之回家乡度假，地方官设宴招待，只有他一人穿着普通的衣服和木屐赴宴。宴毕，众官员要簇拥相送，奏乐备车，这些都被戴敦之一概谢绝了。他只要了一把雨伞，自己步行回家。

巴中“喻青天”

清代的四川巴中出过一个“喻青天”，名叫喻秉渊，出身于世代书香的家庭。

1872年，喻秉渊任保山县知县。

据传，保山瓦渡金矿矿长有十多位，每年到了十二月就会联合送礼。一次，他们把一大口袋银子送到喻家，喻秉渊当场拒收，并将来人严厉训斥一番，称如果不拿走就全部充公。从老家来身边读书的小儿子刚好看到这一幕，等那人一走，小儿子便问道：“父亲，你怎么不要银子？我们在老家饭都吃不起呀！”喻秉渊严厉地给了儿子一耳光，训斥道：“滚回去，你这种东西，莫败坏了我的品德！”他还召集全家，讲了为什么不能收别人东西的道理。

一日升堂问案，证据确凿，犯人供认不讳。审问之后，喻秉渊嘱咐师爷具案申报秋决。宣判之后，那罪犯当堂大叫：“怎么，要了银子，还要脑袋？”喻秉渊忙查明原委，才知道妻弟收了犯人银两，深感家教不严，有悖家风，有失官德。为保全清誉，他令妻弟立马退还脏银，并连夜上表辞职，不待批文下达，就封印挂冠而去。

保山县百姓听说喻秉渊要辞官，怎么也不愿意他离开，自发联名劝留，织缝“万民衣”“万民伞”，组织万人奔“接官坡”劝留，希望他能留在保山继续为官，造福百姓。然而，喻秉渊却毅然辞职回家。

三河“彭青天”

康熙二十三年（1684年），彭鹏任三河知县，秉公执法，不畏权贵，三河县的百姓都称他为“彭青天”。

一天，三河县的街头出现了一个声称是给皇帝放鹰的人，说是到三河县办差，四处敲诈勒索。彭鹏知道三河县离北京城近，鱼龙混杂，一时摸不清实情，便化装接近此人进行侦察。不久，他查明了其真实身份，原来是个骗子。于是，彭鹏一声令下，将此人逮捕，打了他一百鞭子以示惩戒。

康熙帝巡视京郊时，听到百姓称赞彭鹏清廉刚正，便在接见他时，赏赐了五百两黄金，并对他说：“朕知道你为官清正，从来不肯接受百姓的钱财，朕就拿这些钱来给你养廉！”

彭鹏为官清廉，康熙帝为了表彰他，升他为顺天府府尹。上任不久，彭鹏就发现顺天府乡试时，主考官和副主考官串通豪强作弊。他立即向皇上上书奏报，主考官和副主考官等人各有靠山，经群臣讨论后的结果是查无此事，说彭鹏诬告。性情耿直的彭鹏再次上书说：“如果臣是诬告，愿请陛下把我的头劈为两半，一半悬挂国门，另外一半悬挂在顺天府府学。”此言一出，满朝哗然。大臣都说彭鹏这是大不敬，应该撤职查办，康熙帝力排众议保护彭鹏，下旨罢免了主考官、副主考官等相关人员。

纪律

家风家规

■ 在中国古代，家风的传承往往与家训家规结合在一起。家风是一个家庭或者家族的整体精神面貌，家规是家庭成员乃至家族子孙后代必须遵守的规矩。古代家风家规的出发点是维护家庭家族的有序、和谐与繁衍发展，而其实际的教化功能，则包括了树立基本价值观、培养道德意识、造就人格美德等内容。传承和弘扬中华传统家风家规文化，既是个人修身养性的需要，也是坚定文化自信的需要。

孟母三迁

战国时期的大学问家孟子，小时候非常调皮，其母为了让他接受好的教育，曾三次搬家。

最初，他们住在墓地旁边。孟子和邻居家的小孩儿一起学着大人跪拜、哭嚎的样子，玩起办理丧事的游戏，特别爱好一些造墓埋坟的事情。孟母看到后，皱起眉头，心想：不行，我不能让我的孩子再住在这里了！

于是，孟母便带着孟子搬到市集旁边住。搬到市集后，孟子又和邻居家的小孩儿学着商人做生意的样子，玩起了狡猾商人夸口买卖这类的游戏。孟母知道了，又皱皱眉头，心想：这也不是我的孩子应该住的地方啊！于是，他们又搬家了。

这一次，他们搬到了学校附近。此时孟子所效仿的才是祭祀礼仪、作揖逊让、进退法度等礼仪方面的学问，开始变得守秩序、懂礼貌、喜欢读书。这时，孟子的母亲很满意地点点头说："这才是我儿子应该住的地方呀！"

田母拒金

田稷，战国时期齐国人，办事认真负责，深得齐宣王的信任，被任命为相国。

一次，田稷收到了属下送来的百镒黄金。田稷从未收到过这么多黄金，一时不知道如何处理，就将它收下原封不动地献给了母亲。母亲看到后很惊讶，问他：“你做了三年的相国，俸禄从来没有这么多，是不是拿了哪位士大夫的钱？要不然怎么会有这么多钱？”田稷为人诚实，对母亲也很孝顺，便以实情相告。母亲听到后很生气，训斥田稷说：“你身居高位，本应处处做出表率。现在，你却收取这些不义之财，上欺瞒国君，下有负于百姓，实在让我痛心啊。这不义之财，不是我所应该得到的，你这样不孝，不是我的儿子，你走吧！”

田稷听到母亲义正词严的教训后，顿时感到万分羞愧与自责，急忙告退，将黄金如数归还原主。接着，又主动向宣王请罪，将此事报告给宣王，说自己因一时糊涂收下贿赂，应当处死，以正国法，以严家规。

宣王了解了事情的原委后，极力赞扬田母的德行，不但赦免了田稷，还让他继续任相国。为表彰田母的义举，宣王赏赐给田母一些黄金。此后，田稷更加严于律己，成为齐国的一代贤相。

王吉休妻

王吉，字子阳，西汉时琅邪皋虞（今即墨市温泉镇西皋虞村）人，官至谏议大夫。后因上谏的内容不被汉宣帝认可，反而被认为迂腐，失去宣帝的信任，愤而辞官。

王吉为官十分清廉。他住长安时，东边邻居家种了一棵大枣树，枝繁叶茂，枣树的枝叶伸入他家院中。王吉的妻子对丈夫十分敬重，每天都端来洗干净的大枣让王吉吃。起初王吉以为妻子是从街上买来的枣子，便心安理得地享用，后来才知道妻子每天从邻居家伸过来的树枝上偷偷摘枣给他吃。王吉是个正直友善的人。他知道了事情的真相后非常生气，批评妻子不应该这样做，盛怒之下，将妻子赶回了娘家。

东边邻居家听说王吉因为此事赶走了妻子，感到过意不去，就拿了把斧子想砍掉大枣树。街坊、邻居们纷纷出来调解，王吉只好听从众人的劝解，把妻子接了回来，东边邻居家也把斧子扔掉了。

王吉和东边邻居两家人，从此更加友好了。街坊邻里对王吉和邻居注重邻里团结的美德很敬佩，于是编了一首歌谣来赞美他们，歌中唱道："东家有树，王吉妇去，东家枣完，去妇复还。"

杨震家风

东汉的杨震为官多年，官至太尉，一直秉承清廉作风。他不修豪华府第，一直以蔬菜为食，不穿绸缎衣服，坚持步行不乘马车。后来，他因蒙冤而被罢官，决定以死明志。他要求死后不搞厚葬，用杂木打一口棺材，衣服被褥要求能遮住身体即可，既不建造大的墓地，也不修建祠堂。有人劝杨震留下一些产业给子孙后代，他说："我让后世子孙享有清白之名，这就是最大的遗产。"

受杨震的影响，其子孙个个为官清廉。杨家从杨震起，四代人连续担任最高级别的"三公"职务，每个人都有"清白"之名。儿子杨秉极其自律，以"三不惑"闻名于世。他不饮酒，不贪财，不好色，时人称赞他"淳白"。杨秉的儿子杨赐，官至司徒，同样继承了杨家清正廉洁、刚直无私的风范。杨赐之子杨彪，官至太尉，在担任京兆尹时，毅然处死了作恶多端的黄门令王甫。杨震曾孙杨奇，少有大志，不以家势为名，与英才、俊才为友，不和豪强富贵者往来，汉灵帝时为侍中。他不献媚求荣，敢于谏言。灵帝曾赞其"脖子硬，遇事不低头，是真正的杨家子孙"。

"天下杨氏出弘农"，杨震传下来的"清白家风"对杨氏后人影响很大。大诗人李白曾写诗歌颂杨震："关西杨伯起，汉日旧称贤。四代三公族，清风播人天。"

陶侃的母亲

晋代大臣陶侃的母亲湛氏是豫章新淦人，早年被陶侃的父亲纳为妾，很懂礼仪，勤俭持家。生下陶侃后，陶家更加穷困，湛氏整天在家辛勤地纺纱织布，赚钱贴补家用。她教导陶侃结交品德高尚的朋友，努力向别人学习。每当有客人前来拜访时，她总是亲自去喂马，拿出家里最好的食物款待客人，用最好的床铺供他们住宿。

后来，陶侃离开母亲到外地为官。赴任前，陶母准备了一个包袱，说里面有三件“土物”，叫儿子带上。来到官府后，陶侃打开包袱一看，只见里面包着一块土、一只土碗和一块白色土布。他先是一怔，后来才慢慢领会到母亲的用意。原来，一块土，是教儿永记家乡故土；一只土碗，是教儿莫要贪图荣华富贵，要保持自家本色；一块白色土布，是教儿为官要清清白白，永不忘本。

陶侃当过浔阳县吏，负责监管捕鱼。某次，陶侃利用职权拿了腌鱼托人捎回家，母亲湛氏见后马上叫他把鱼退回去，并且写信给他说：“你身为官吏，拿官家的东西回来假公济私送给我，不但不会让我高兴，反而会增加我的精神负担啊！”时人赞叹说：“若不是这个母亲，哪里会有像陶侃这样的儿子呢？”

李袭誉教子“勤三事”

李袭誉，唐朝官员，唐太宗李世民讨伐王世充时，被任命为潞州总管。当时突厥已经与李唐和亲，却继续与王世充保持往来，李袭誉捉住并斩杀了突厥使者。李世民下诏让他负责粮草运输工作，后来升任扬州大都督府长史、江南巡察大使。

扬州是江吴大都会，江淮一带的民众崇尚经商，不从事农业生产。李袭誉任扬州大都督府长史后，为百姓疏引雷陂水，又修筑勾城塘，灌溉田地八百顷，使地尽其利，很多百姓开始从事农业生产。

李袭誉性格严整端谨，在职期间庄重严肃，平时喜欢读书，手不释卷。李袭誉居家以简朴节约自处，对宗族亲属照顾十分优厚，按人口多少将俸禄散发给他们，用剩下的钱请人抄书，罢任扬州时，书籍多得要用数辆车子装载。

他曾对子孙说：“我秉性不爱财物，因此以至贫乏。但仰仗京城有赐田十顷，可以耕种，足够食用；在河内有千棵桑树，从事蚕桑可以足衣；在江都有我抄录的书籍，努力攻读可以进身求取官职。我死后，你们能勤于这三件事，就不用求助他人了。”

钱氏祖训

江南钱家的老祖宗是五代十国时期的吴越王钱镠。钱镠的后代居住在杭州、苏州等地，门风严谨，人才兴盛。自唐末以来，载入史册的钱氏后人超过千人。近代以来，钱家子弟不少是文史大家，如钱穆、钱基博等，还有不少子弟是著名的科学家，如钱学森、钱三强、钱伟长、钱永健等。钱氏子孙中名教授有数百人，院士有几十人，被公认为“千年名门望族，两浙第一世家”。

钱氏家族自钱镠开始就留下“武肃王八训”“武肃王遗训”等家训，后来钱氏后人总结历代祖宗治家思想，编入《钱氏家训》。《钱氏家训》共分个人、家庭、社会、国家四个篇章，成为一部包含修身处世智慧的治家宝典。钱氏家族特别注重读书，“子孙虽愚，诗书必读”。钱镠出身贫寒，但称王后却喜欢读书，在诗画上也颇有造诣。他从书籍中获益匪浅，便要求子孙也读书。尊师重教、读书明理，成为钱氏家族的重要家风。

因为钱家本身是王族，不用抱着“学而优则仕”的目的去读书，钱氏后代归顺宋朝以后也表示只读书不做官，所以钱家后人读书目的非常纯粹，就是为了追求知识和提高德行。正因为如此，钱氏后人大多数能够淡泊名利，在科技、教育和文化等领域贡献巨大。

裴坦怒推儿媳几案

裴坦，字知进，唐代河东闻喜（今属山西）人，隋代营州都督裴世节裔孙，唐僖宗时官至同中书门下平章事，居太平里，时称“太平宰相”。裴坦崇尚俭朴廉洁，为世人所称道。

《新唐书·裴坦传》载，裴坦与宰相杨收都出身于贫苦人家，后参加科举考试改变了命运，被朝廷器重晋升为宰相，所以两人建立了深厚的友谊。不同的是，杨收讲究排场，喜爱奢华，而裴坦始终保持节俭的作风。杨宰相的女儿嫁给裴坦的长子为妻，出嫁时，嫁妆既多又华丽，连家用小杂器多数也用金银制成或用金银镶嵌。裴坦崇尚节俭，听说这些事后很不高兴。

一天，他与同朝好友以及夫人、儿女们来到新媳妇的宅院，见茶桌上用小碟子盛放果品，裴坦脸上露出喜悦的神色。但仔细一看，碟子内使用卧鱼犀作为装饰，这卧鱼犀是犀牛角制成的珍贵装饰品。裴坦顿时大为恼火，立即推倒茶桌，甩着衣袖，走出儿媳住的宅院，一边走一边气愤地说：“乱我家法！”小两口见老父亲很生气，就赶紧把这些东西都撤走了。

过了些时日，杨收因收纳贿赂，被朝廷解除了官职，真是自作自受啊！

黄氏家规

北宋大学问家黄庭坚的曾祖父黄中理曾经主持制定《黄氏家规》，共二十条，对行孝、为友、从业、求学等方方面面进行了详细规定。黄庭坚本人在晚年也留下了一篇《家戒》，以几十年的所见所闻，反复向儿孙说明一个道理：家和则兴，不和则败。

黄氏家族祖居江西修水县杭口镇双井村。此地有“华夏进士第一村”之称。据史料记载，仅宋朝一代，双井村黄氏家族就出了四十八位进士，其中有四人官至尚书。黄氏的家规家风不仅造就了双井黄氏的繁荣，而且由一村一乡辐射到一县一州乃至更为广泛的地区。据不完全统计，仅宋代修水县就有进士一百六十位，其中最著名、最具影响力的就是黄庭坚。

深受家风熏陶的黄庭坚同样十分注重教育子孙，传承优良家风。他晚年在《家戒》中总结家族兴衰的原因，告诫子孙“无以小财为争，无以小事为仇”，“无以猜忌为心，无以有为为怀”，要互相谦让、互相照顾、和睦相处，齐心协力维护好家族的传承与发展。黄庭坚曾在一首诗中写道：“藏书万卷可教子，遗金满斗常作灾。”这或许是他对子孙后代最好的教育。

王　旦

北宋名相王旦的父亲王祐，因得罪了宋太祖，没能做到宰相，有点生气，就在自家堂前种了三棵槐树，说："吾子孙必有为三公者。"后来，王氏这一支就以"三槐堂"为堂号。三槐王氏得以壮大，最重要的人物是王祐的儿子王旦。

王旦侍奉寡嫂讲礼节，与弟弟王旭友爱甚笃，婚姻不求门第，衣着简朴。家人打算用丝绵装饰毡席，遭王旦反对。有人卖玉制的腰带，弟弟认为很好，便拿来呈给王旦，王旦命弟弟系上，说："你能看见好不好吗？"王旭说："我系着它怎么能看见？"王旦说："自己负重而让观看的人称赞，这不是劳烦嘛！"王旭赶快归还了玉带。

王旦不购置田产住宅，说："子孙应各念自立，何况田地宅第仅仅是让他们争夺财产为不义而已。"宋真宗认为王旦居住的房子太简陋，想要给他修葺，王旦说这是老祖宗留下的老房子，不宜变动，谢绝了真宗的好意。

在他的严格要求下，王氏后代英才辈出，子侄辈《宋史》有传者就有十一人。他们都能做到廉洁自律，受到时人和后世的称赞。

现在，全国王姓有百分之四十的人自称是"三槐堂"王氏，认王旦为老祖宗的后裔达上亿人，这说明了"积善之家有余庆"，厚德之人自然福泽绵远。

司马光劝子节俭

北宋杰出的史学家司马光，进士出身，后追封为温国公。他著述宏丰，其名著《资治通鉴》是一部很有价值的历史著作。

据有关史料记载，司马光十分注意教育孩子力戒奢侈，谨身节用。当他看到儿子读书用指甲抓书页时，非常生气，认真地给他传授了爱护书籍的经验与方法：读书前，先要把书桌擦干净，垫上桌布；读书时，要坐得端端正正；翻书页时，要先用右手拇指的侧面把书页的边缘托起，再用食指轻轻盖住以揭开一页。他劝诫儿子说，做生意的人要多积蓄一些本钱，读书人就应该好好爱护书籍。

在生活方面，司马光节俭纯朴，“平生衣取蔽寒，食取充腹”，却“不敢服垢弊以矫俗于名”。他常常教育儿子说，食丰而生奢，阔盛而生侈。为了使儿子认识崇尚俭朴的重要性，他写了一封论俭约的家书，强烈反对生活奢侈，极力提倡节俭朴实。他在文中明确指出，古人以节俭为美德，今人以节俭而遭讥笑，实在是要不得的，并告诫儿子“由俭入奢易，由奢入俭难”，“大贤之深谋远虑，岂庸人所及哉”。在他的教育下，儿子司马康从小就懂得俭朴的重要性，并以俭朴自律。他历任校书郎、著作郎兼任侍讲等，也以博古通今、生活俭朴而称誉于后世。

岳母刺字

岳飞十五六岁时，北方的金人南侵，宋朝当权者腐败无能，宋军节节败退，国家处在生死存亡的关头，岳飞投军抗辽。不久因父丧，岳飞退伍还乡守孝。

靖康元年（1126年），金兵大举入侵中原，岳飞再次投军。临行前，姚太夫人把岳飞叫到跟前，说："现在国难当头，你有什么打算？""到前线杀敌，精忠报国！"岳飞答道。姚太夫人听了儿子的回答，十分满意，"精忠报国"正是母亲对儿子的期望。她决定把这四个字刺在儿子的背上，让他永远铭记于心。岳飞解开上衣，露出脊背，请母亲下针。姚太夫人问："孩子，针刺是很痛的，你怕吗？"岳飞说："母亲，小小钢针算不了什么，如果连针刺都怕，怎么去前线打仗！"

姚太夫人先在岳飞背上写了字，然后便用绣花针一点点地刺。但"国"字没有一点，象征国内无首。刺完之后，岳母又涂上醋墨。从此，"精忠报国"四个字就留在了岳飞的后背上。母亲的期许激励着岳飞。岳飞投军后，很快因作战勇敢升为秉义郎。这时，宋都开封被金军围困，岳飞随副元帅宗泽前去救援，多次打败金军，受到宗泽的赏识，称赞他"智勇才艺，古良将不能过"。后来，岳飞成为著名的抗金英雄，受历代人民所敬仰。

岳飞不纳妾

宋高宗要为岳飞营造府第，岳飞却推辞说：“敌未灭，何以家为？”高宗又问他：“天下何时太平？”岳飞答道：“文臣不爱钱，武臣不惜死，天下太平矣。”

岳飞心胸开阔，前妻刘氏在战乱中抛弃婆婆和儿子，改嫁韩世忠手下的小校。岳飞得知后送去五百贯钱资助她，此后另娶李氏。南宋诸将中，只有岳飞一妻，终身不纳一妾，也从不去青楼欢歌宴饮。

一次，抗金名将吴玠的手下到岳飞军营办差，对岳家军中没有歌童、舞女等劝酒作陪，颇感惊讶，回去后报告给吴玠，吴玠特地为岳飞送来一个美女，并置办了许多金玉珠宝做妆奁送给岳飞。那女子到岳家后，岳飞以屏风遮挡自己，问她：“我家的人都穿布衣，吃粗食，娘子若能同甘苦便请留下，否则，我不敢留你。”女子听了窃笑不已，显然不愿意，岳飞便遣人送回。部将谏阻岳飞，说不要驳了吴玠的面子。岳飞说：“如今国耻未雪，岂是大将安逸取乐之时？”吴玠得知后，益发敬重岳飞。

岳飞担任高官之后，收入颇高，却一直过着简朴的生活。一次，妻子李氏穿了丝质的衣服，岳飞见后令她更换成低档的麻衣。岳飞的俸禄十分优厚，却经常化私为公，以私财补贴军用，经常把宅库中的物品变卖贴补军用。

清廉节俭的张知白

北宋张知白生平清俭，在担任宰相时，生活依然像从前做河阳节度判官时一样简朴，自己却觉得很满足。

有人劝他从众，以免被人讥笑，说他虚伪。身边人说：“您俸禄很高，但自身生活却这么清苦，这又是何必呢？”张知白答道：“听人说：‘浓处味短，淡中趣长。’现在凭我的俸禄，即使想达到全家锦衣玉食的标准，又岂会达不到呢？但是由俭入奢易，由奢入俭难。我今天的俸禄怎么可能长期享有呢？我能一直在世吗？如果家人都习惯了奢侈的生活，一旦我被罢官或去世失去了俸禄，他们定不能马上适应俭朴的生活，那时一定会因为挥霍而弄得饥寒无依。假如我在位与不在位、在不在世家人生活都是一样的，即使我去世了，家人也能像现在这样生活呀！”听的人都很佩服他的远见卓识。

张知白在宰相位上，无论是穿衣服还是坐车都很低调，不讲排场。他常常告诫自己不可骄奢淫逸，虽身居高位，但日常生活一直清廉节俭，如同普通读书人一样。

大儒朱熹的齐家之道

朱熹曾这样教育孩子：走路要从容、规范，不要手舞足蹈，更不要慌慌忙忙，而是要稳稳当当；即使在家时，也要注重走路的仪态，只有在长辈喊你的时候才能跑着过去。朱熹的孩子们长大以后都很懂得礼仪，得到时人的称赞。当时的人都跟着朱熹学习礼仪，社会风俗有了很大的改变。

一天，朱熹去看望女儿。女婿是个穷书生，家里十分贫困。无奈之下，女儿只好跑到屋后的菜园里摘了几根香葱做成清汤，然后又煮了锅麦饭。女儿从厨房端出葱汤麦饭，心里十分愧疚。朱熹安慰女儿道："简朴度日，是我们家的好家风。这样的饭菜已经不错了，吃起来可口，还能滋补身体。到你这儿来时，我看见有的人家屋顶上的烟囱还未曾冒烟呢！"

朱熹给后世子孙留下的《朱子家训》，对修身处世、治家教子极具借鉴意义。《朱子家训》以"修身、齐家"为宗旨，内容涉及安全、卫生、勤俭、有备、饮食、房田、婚姻、美色、祭祖、读书、教育、财酒、戒性、体恤、谦和、无争、交友、自省、向善、纳税、为官、顺应、安分、积德等方方面面，通篇意在劝人积善成德。《朱子家训》流传甚广，被历代士大夫尊为"治家之经"，直到民国时期一直是童蒙必读课本。

寒窗课子图

寇准是北宋的宰相。幼年时父亲身患重疾，为治病花光了家中积蓄，债台高筑，其父仍因医治无效撒手人寰，从此家道衰落，全凭母亲纺线织布养家糊口。

在母亲的严格要求下，寇准十九岁便成为进士，二十二岁升任成安知县。喜讯传到家里时，寇母已身患重病。临终前，她将亲手画好的一幅画交给仆人刘妈说："日后寇准做官，如果有错处，你就把这幅画给他看。"

寇准为官之初，尚能勤俭自律，后来慢慢开始讲排场，比阔气。宋真宗时，寇准做了宰相。一次，为庆贺生日，他请了两台戏班大摆宴席，准备宴请群僚。刘妈见时机已到，遂赶往相府，把画交给寇准。寇准接过卷轴，打开一看，只见整个画面狂风怒号，大雪纷飞。画的正中有一间破茅草房，屋内昏黄的油灯忽明忽暗。油灯旁的母亲边飞梭织布，边看着旁边油灯下专心致志读书的儿子。画的右上角是母亲题写的"寒窗课子图"五个大字。左下角则是一首诗："孤灯课读苦含辛，望尔修身为万民。勤俭家风慈母训，他年富贵莫忘贫。"看罢母亲的遗画，寇准不由想起母子相依为命的苦日子，尤为母亲"遗画教子"的良苦用心而动容。他立即下令撤去寿宴，退还寿礼。从此，寇准牢记母亲的教诲，勤于政事，终成大宋一代贤相。

包拯家风

包拯是北宋名臣，以刚正不阿、铁面无私著称。

包拯曾任端州知州，当时端州的特产端砚是宋朝士大夫最珍爱的雅器之一，当地官府每年都要向朝廷进贡此物。包拯之前的地方官都借着向朝廷纳贡的机会，大肆勒索端砚，贿赂朝廷权贵，为自己的仕途上升之路打点关系。为了制作端砚，大量劳动力进山开采石材，加重了老百姓的负担，影响了当地的经济发展。

包拯上任后，下令只能按规定数量生产端砚，州县官员一律不准私自加码，违者重罚，并表态：自己决不要一块端砚。此举在当地掀起轩然大波。三年后，包拯任期满，被调至京城任职，果然没有拿走一块端砚。

包拯性情严峻刚直，与人交往从来不用虚假的神态和言辞来讨人喜欢。平时没有私人书信，朋友、亲戚都断绝来往。虽然显贵，穿的衣服、用的器具、吃的饭食还同平民时一样。包拯在家训中说道："后代子孙做官的人中，如有犯了贪污财物罪而被撤职的，都不允许回老家；死了以后，也不允许葬在祖坟。不听从我意愿的，就不是我的子孙后代。"

王翱严格要求家人

王翱，明代名臣，曾任吏部尚书，后至太子太保。他一生历仕七朝，辅佐六帝，刚明廉直。

孙子王辉靠着祖荫进入国子监，将参加秋试，便把准备应考的卷子拿给王翱看。王翱却说："你若凭真才实学登第，我怎么忍心埋没你的才学！以你目前的水平，只有靠那些糊涂主考官关照才能录取，这么做会妨碍贫寒士子的前程。"说罢，王翱将孙子的卷子撕碎烧了。

女婿贾杰想到京城为官，对妻子说："你父亲是负责选拔官吏的长官，把我调到京城做官应该易如反掌。"于是，女儿将想法告诉了母亲。夫人当天准备了酒菜，跪着禀告王翱。王翱非常生气，拿起几案上的器具打伤了夫人，径直去了朝房，十天后才回家，女婿最终也没有被调职。

王翱从辽东回朝时，同事的宦官敬重王翱，送给他几颗明珠，王翱坚决推辞。那人说："这是先皇赐给我的，不是赃物，收下吧。"王翱不得已，收下把它藏了起来。那位宦官死后，王翱召来其侄子把明珠还给了他。

他任都御史时，夫人为他娶了一个妾，过了半年才告诉他。王翱大怒，说："你为什么破坏我的家法？"他当天就备好黄金把妾送了回去。而那个妾始终不嫁人，说："岂有大臣之妾嫁给别人的道理？"王翱死后，她去奔丧，王翱的儿子赡养她到终老。

顾炎武勤奋治学

顾炎武十一岁那年，祖父蠡源公要求他读完《资治通鉴》，并告诫说："现在有的人图省事，只浏览一下《资治纲目》之类的书便以为万事皆通晓了，这是不足取的。"这番话使顾炎武领悟到：读书做学问是件老老实实的事，必须认真地对待。

顾炎武勤奋治学，"自督读书"。首先，他给自己规定每天必须读完的卷数；其次，他每天把所读的书抄写一遍，读完《资治通鉴》后，一部书就变成了两部书；再次，要求自己每读一本书都要做笔记，写下心得体会。每年春秋两季，他都要温习前半年读过的书籍，边默诵边请人朗读，发现差异，立即查对，每天这样温课二百页。

顾炎武十四岁取得诸生资格后，便与同乡挚友归庄共入复社，归庄便是大文学家归有光。二人个性特立耿介，时人称为"归奇顾怪"。顾炎武自二十七岁起，遍览历代史乘、郡县志书，以及文集、章奏之类书籍，辑录其中有关农田、水利、矿产、交通等的记载，兼以地理沿革的材料，开始撰述《天下郡国利病书》和《肇域志》。他提倡经世致用，反对空谈，注意广求证据，提出"君子为学，以明道也，以救世也"。他游历二十多年，足迹遍及山东、河北、西安、河南等地，也结识了许多朋友，完成了《日知录》这部巨著。

曾国藩的家风

曾国藩是晚清名臣，其对子女的教育留给后人很多可以借鉴的经验。勤奋、俭朴、求学、务实的家训家风一直为曾家后人所传承。曾国藩曾留下十六字箴言："家俭则兴，人勤则健；能勤能俭，永不贫贱。"

曾国藩为官三十年，一直穿布衣布袜，一件天青缎马褂只有遇到庆贺或新年时才穿，所以三十年后衣犹如新。每日吃饭以一荤为主，有客略增之。他要求家人生活俭朴，远离奢华。他在京城见到世家子弟一味奢侈腐化，挥霍无度，便不让子女来京居住。原配夫人一直带着子女住在乡下的老家。门外不许挂"相府""侯府"的匾。曾国藩要求"以廉率属，以俭持家，誓不以军中一钱寄家用"。夫人在家手无余钱，亲自下厨、纺织。

曾国藩还敦促家人每日坚持学习，并多次为全家拟定严格的学习计划：吾家男子于看、读、写、作四字缺一不可；女子于衣、食、粗、细四字缺一不可。他规定：织麻纺纱，中午为之；烧茶煮饭，扫抹房舍，一早为之；缝制衣物鞋袜及刺绣，下午及晚上为之。

曾国藩为总督时，家中人客子孙增多，旧屋不够用，他的九弟新建了一屋。曾国藩知后大怒，责骂九弟说："新屋搬进容易搬出难，吾此生誓不住新屋。"此后，终其一生未踏进新屋半步，病故时仍在两江总督住所。

彭玉麟坚持"不要钱"

晚清名臣彭玉麟是曾国藩的弟子，也是湘军水师的创始人，为中国近代海军建设做出了较大贡献。

彭玉麟手握重权，但日常生活中始终坚持"不要钱"的原则。咸丰四年（1854年）冬，彭玉麟率湘军水师配合陆师攻陷了田家镇，清廷奖励他四千两白银，他便拿来救济家乡的贫困百姓。他在给叔父的信中说："想家乡多苦百姓、苦亲戚，正好用银两行些方便，亦一乐也。"此外，他还请叔父从中拿出一些银两在家乡办学堂，以期为家乡"造就几个人才"。他对家人颇为严苛。儿子花费二千串铜钱修葺了家中老屋，他得知后立即去信严词斥责。修葺后的老屋也不过是三间土墙瓦屋而已。

一次，彭玉麟的一位朋友来拜访他，留客的午饭不过是豆腐、辣椒、豆豉、茄子、黄瓜和一盘辣子炒肉而已。朋友谈到此事就抱怨彭玉麟招待不周，彭玉麟的属下解释说："饭桌上有一盘辣子炒肉，已经是优待了。"

按清朝制度，凡文武官员于正式薪俸之外，由国家另行发给一份养廉金，于离职之日一次发给，以奖官守，并杜绝贪污。据此计算，彭玉麟自咸丰五年至同治元年，七年间应得养廉银二万一千五百余两，但他分文不取，全数上交国库充作军饷。彭玉麟担心会有人说他沽名钓誉，便请求曾国藩出面向朝廷说明情况。

浙江义门郑氏

在历史上，一个家族累世被朝廷旌表，可称“义门”，其中最为著名的是浙江义门郑氏。一般五世、七世就属难能可贵，郑氏义门合众生活整整延续了十五世。

自北宋重和元年（1118年）至明成化十五年（1479年），郑氏家族在金华浦江生活了三百六十多年，合族聚居，以孝义治家闻名于世。长达一百六十八条的传世家训《郑氏规范》，被誉为中国传统家训的重要里程碑。《郑氏规范》对郑氏族人的行为作出了详细严格的规定，如：

凡郑氏家族子弟必须有福同享、有难同当，成年男子要从事稼穑、畜牧、园艺等劳动，在外为官经商者，所有收入也一律上交祠堂；凡郑氏儿童从五岁开始学礼，八岁进家塾读书，十二岁可外出读书，读到二十一岁时，如取得功名，可继续学习，否则就要回来参加家族的生产劳动；族中男女嫁娶择偶时，不能看对方的贫富，而要看是否出身温良之家。

类似的规范还有很多，在一百六十八条规范中，有三条涉及廉政廉洁，这是专门为出仕做官的子孙制定的。在漫长的岁月里，这些规范影响巨大，共居十五世期间，郑氏共有一百七十三人出任七品以上的县官，尽管职位差距很大、任职地域相隔千里，令人惊叹的是，郑氏子孙竟无一人因贪污而被罢官。

纪律

反腐肃贪

■ 以廉为荣，以贪为耻，是中华民族的精神追求。中国历史上关于反腐肃贪的记载可以追溯到夏代，此后的历朝历代提倡清廉，惩治贪腐，对整顿吏治、改变社会风气具有积极意义。历史表明：凡是对腐败惩治力度大的年代，大多数长治久安；凡是贪污腐败盛行的年代，大多数国力衰微。以史为鉴，反腐肃贪，清正廉洁蔚然成风，中华腾飞之日终将到来。

张纲反贪

东汉末年朝政混乱，汉顺帝派遣八名专使巡行各州郡，宣讲圣上的威德，推荐人才，弹劾奸佞。八名专使大多数年纪较大，名声显赫，地位崇高。其中，只有张纲年纪最小，官位最低。

张纲离京，走到近郊洛阳都亭时，将车轮卸掉埋在地下，愤然宣称："豺狼当道，安问狐狸？"意思是，朝廷高官贪腐更严重，为什么要到底层去处理小官呢？张纲随即草拟奏章，先弹劾太尉桓焉、司徒刘寿"尸位素餐，不堪其职"，接着又揭露司隶校尉赵峻、河南尹梁不疑、汝南太守梁乾等人贪赃枉法、违法乱纪，并用槛车将其交给廷尉治罪。他还上奏顺帝说，鲁相寇仪有犯罪行为，寇仪畏罪自杀。

后来，张纲不顾个人安危，上书历数当朝国舅、大将军梁冀的十五条罪状，京城为之震动。顺帝知道张纲仗义执言，既不采纳，也不降罪。受到冲击的梁冀怀恨在心，伺机报复张纲。当时，广陵郡的张婴聚众造反，前后达十余年，朝廷深感棘手。梁冀意欲借刀杀人，乘机指使尚书推荐张纲出任广陵太守。结果，张婴敬佩张纲的品行，在张纲的规劝下投降了官府，梁冀的奸计未能得逞。

张纲病死后，百姓们说："千年万载，何时才会再出这样的好官呀？"

杨秉劾贪

杨秉是太尉杨震之子，东汉中期的名臣。他自称有“三不惑”，即不为酒、女色、财货所惑，还有“两不怕”：一是不怕触怒皇帝，二是不怕得罪宦官。

杨秉任刺史后，按照任职的日数接受俸禄，多出的俸禄不入私囊。杨秉的故吏曾拿百万钱送予他，他却闭门不受。他免官闲居期间，生活捉襟见肘，全家两三天才能吃上一顿饭，即使如此也不肯接受别人的馈赠。

延熹五年（162年）冬，杨秉迁任太尉，与司空周景联合上书汉桓帝，要求遵照制度严格考核官员，罢免贪婪残暴的官吏，重振朝纲。桓帝准奏。匈奴中郎将燕瑗、青州刺史羊亮、辽东太守孙谊等五十余人，或判处死，或就地免官，天下人莫不对杨秉肃然起敬。

益州刺史侯参仗着哥哥中常侍侯览的权势，恣意横行，没人敢惹。郡中有一个叫张攸的人，家财富足，侯参随即捏造罪名，诬陷他妖言惑众，将其家人全部杀害，将其财产据为己有。

杨秉愤然劾奏，桓帝下令召侯参问罪，侯参在押解途中畏罪自杀。杨秉又上书弹劾中常侍侯览和具瑗，桓帝大为不满，但鉴于各方压力和杨秉的恳切与虔诚，还是很不情愿地免了侯览的官职，削减了具瑗的封地。

桥玄惩贪

东汉桥玄任商丘县功曹时，豫州刺史周景巡行至梁国的睢阳，桥玄前往拜见，举发陈国相羊昌的贪污劣迹，请求出任陈国从事，以彻查羊昌的罪行。周景钦佩他的气节，就任命他担任此职并派他去彻查此事。

桥玄上任后，收捕了羊昌的食客，详细地核查羊昌的罪行。但羊昌一直被掌权的大将军梁冀庇护，梁冀为救羊昌，特派快马传文书要求赦免他。周景按照梁冀的意思召回桥玄，桥玄只交还文书，并没有回去汇报，而是加快进度核查羊昌的罪名，最终用囚车将其押解进京。桥玄因此出名。其后，桥玄迁任汉阳太守，又将赃罪昭著的县令皇甫祯收捕拷问，拔光其头发，鞭笞致死，使汉阳一郡为之震动。

建宁四年（171年），桥玄由司徒迁任尚书令。当时太中大夫盖升在以前任南阳太守时贪赃数亿钱，因为受到汉灵帝的庇护，长期都没有被治罪。桥玄奏请灵帝罢免他，禁锢终身，永不录用，并没收其家财。灵帝不准所奏，反而将盖升升任侍中。桥玄一怒之下，托病辞官。

光和六年（183年），桥玄因病去世，家无居业，丧无所殡，当时的人们都对他称赞不已。

李膺杀张朔

东汉李膺被任命为司隶校尉时，宦官张让的弟弟张朔担任野王县令，贪婪残暴，连孕妇都杀。张朔听说李膺执法严格，担心会被抓捕，就畏罪逃回京城，躲到哥哥张让家中，藏在空心柱内。

李膺知道这一情况后，率领官兵砸破柱子捉住张朔，交给洛阳监狱看管。录好口供之后，李膺立即杀了张朔。张让向汉灵帝鸣冤，灵帝下诏令李膺进殿，御驾亲临，责问李膺为什么不先请示便将张朔诛杀。李膺答道："当年孔子担任鲁国的司寇，七天之后就杀了奸臣少正卯。现在我担任司隶校尉已经有十天了，私下还担心错在迟疑拖延，却不料落得个办案太快的罪名。我知道有愧于职守，只求让我再苟活五天，等到消灭元凶之后，我再回来受死，也心甘情愿。"灵帝无话可讲，回过头对张让说："这是令弟的罪过，李校尉有什么错呢？"于是，他就让李膺退下了。

后来，李膺任青州刺史的命令刚刚下达，李膺还没到任，治下七十个县中贪赃枉法的县令全部弃官而逃了。

隋文帝倡俭惩贪

隋文帝杨坚节俭爱民。《隋书·高祖纪》载：文帝称帝后，勤于政事，自奉甚严；除宴请外，平时每餐不食两样肉菜，乘坐的轿子和所用的物品有破损的，修补好继续使用。

太子杨勇容貌俊美，生性好学，个性宽厚、温和、率真。一次，杨勇把自己的一件铠甲装饰一新，隋文帝怕他染上奢侈的恶习，特地告诫了一番，教育他不要因为奢侈腐化而影响国家的长治久安。

有一年冬至，百官朝见杨勇，而杨勇也高兴地接受他们的朝见。文帝问臣下："这是哪种礼节？"太常寺少卿辛亶表示，东宫按照礼制只能用贺而不能用朝见。文帝认为杨勇违反礼制，下令臣下不得再对杨勇行朝见礼。

文帝躬行节俭，对官员也要求甚严。除了设立专门的监察机构外，他还常常遣人暗查百官，发现有不法贪污者立马加以惩处，甚至派人去假装行贿，若发现受贿者立斩，而对清廉之士则越级擢升。开皇初年，刘旷为平乡县令，处事公道，断案时以理服人，不轻易用刑，经常以道理说得原告被告满怀愧疚地离开，平乡百姓怀恩感德。他在职七年，社会风气越来越好。监狱里没有囚犯，牢狱里都长满了草，牢堂里可以张网捕鸟。文帝知道后，让刘旷升任营州刺史。

唐太宗戒奢惩贪

唐太宗贞观二年（628年），有大臣上奏：按照《礼记》，夏天天热，皇上应居台榭；秋雨绵绵，宫中地势低、潮气重，皇上应住阁楼，所以建议修建皇宫。太宗拒绝了此建议，认为大兴土木不是为君之道，应该学习汉文帝的节俭之风。

贞观七年（633年），太宗驾幸蒲州，刺史赵元楷征令百姓穿黄纱单衣在路旁迎接，并大肆装饰官署的房屋，修整城楼。他又暗中饲养数百头羊、几千条鱼，准备送给皇亲贵戚。太宗知道后，斥责他说："我巡察黄河、洛水之间的地方，经过几个州，凡是需用的东西都是由官府的物资供应。你给我们饲养羊、鱼，雕饰庭院屋宇，这是已灭亡的隋朝的坏风气。"

太宗很重视对臣下进行戒奢倡俭的教育，对不听规劝、贪赃枉法的官吏坚决绳之以法。贞观十九年（645年），沧州长芦县令李太辨贿赂盈门，负责监察的按察使知道后，屡次告诫他，责其改邪归正。李太辨内心恐惧，便向刺史席辨行贿，送细绢二百匹、软丝三十匹以求庇护，席辨受贿后为其掩饰。后来事情败露，太宗下令将二人公开处斩，并召集各州朝集使到刑场观看。

太宗力戒奢侈，严惩贪官，善于纳谏用人，在短短二十几年内，便开创了国泰民安的贞观盛世。

卢怀慎严办王仙童

唐玄宗元年（713年），卢怀慎入阁拜相，位极人臣。

玄宗的父亲唐睿宗李旦共有六个儿子，玄宗李隆基是第三子，第五子名叫李隆业，后封薛王。薛王有一个舅舅，叫王仙童。

王仙童仗着自己是皇亲国戚，置国法于不顾，鱼肉乡里，暴虐百姓。御史台通过调查掌握了确凿罪证，上奏玄宗请求严办。但玄宗顾及手足之情，下旨要紫微省和黄门省复查核实。这道圣旨的用意不难明白，就是希望紫微和黄门两省借所谓复查，找个借口放王仙童一马。

作为黄门省的负责人，卢怀慎大可借此机会讨好玄宗。在官场上，官官相护是潜规则，把事情压下来，既顾及了皇帝的手足情，又讨好了薛王，还卖给王仙童一个天大的人情。但卢怀慎没有这样做。在了解了案子的真实情况后，他和宰相姚崇一起给玄宗上了一道奏折，说王仙童的罪状已明明白白查清楚了。如果御史台调查的案子都要复审，连御史都遭到怀疑，那么还有什么人可以相信呢？

玄宗见姚崇和卢怀慎两位宰相不接受自己的暗示，坚持依法办事，心里虽然不痛快，但他清楚孰轻孰重，因此，无奈之下也只好同意御史台结案。

北魏孝文帝肃贪

北魏从立国到孝文帝时期一直没有建立完善的俸禄制度，各级官员利用职权牟取私利，腐败盛行。孝文帝拓跋宏在太和八年（484年）发布诏书，正式实行俸禄制。诏书明确规定了由班禄而增收的赋调定额，固定官司之禄所需的总额，从而减少了官吏从中截留贪污的机会。与此同时，孝文帝下令："俸禄制度实行之后，贪赃者赃物满一匹绢布就是死罪。"

孝文帝采取一系列措施惩治腐败，态度坚决。无论皇亲国戚还是功臣英雄，只要贪腐，一律加以惩处。秦、益二州刺史李洪之是孝文帝的亲舅舅，监察官员奏劾他贪赃枉法，数额巨大，且苛酷凶暴，枉杀数百条人命。孝文帝在太华殿召集群臣讨论，亲自列举了他的种种罪状。不过，因李洪之是朝廷大臣，孝文帝特许其在家自裁。

齐州刺史高遵，性极贪鄙，四处敲诈勒索，亲属倚仗他的权势横行乡里，贪污获利。高遵的罪行被举报到朝廷后，他用大量钱财请人出面说情，寄希望于宽大处理，但遭到孝文帝的拒绝，当即被赐死。

这一年，孝文帝派遣使者巡视各地，处死贪官四十余人。此后，贪污受贿的事情几乎没有了。强力反贪，给北魏政治带来了清明的局面。史书称赞孝文帝时代："肃明纲纪，赏罚必行，肇革旧轨，时多奉法。"

金世宗“反三风”

金世宗完颜雍在大定年间开展了以“反三风”为主要内容的“整风运动”。

一是反赌博风。大定十八年（1178年），世宗制定了《品官犯赌博法》。该法规定：对初犯且赌博数额不大者，判处杖刑，但可以用财物赎罪；再犯者不允许赎罪，要执行杖刑。

二是反说情风。金代官官相护、徇私枉法的现象普遍，世宗屡禁不止。大定二十六年（1186年），监察御史陶钧携妓游禁苑，被提控官石玠得知。石玠准备以“无上下之分罪”纠劾他，陶钧托石玠的朋友阎恕来替自己说情，事情便压了下去。世宗得知此事后，不仅将犯官陶钧和徇情失举的石玠治了罪，而且将受托居中讲情的阎恕也治了罪。

三是反贪赃风。世宗对贪官的惩处十分严格，不仅处罚本人，而且株连子孙及相关人员。皇亲国戚犯了“赃罪”也绝不姑息，秉公执法，严惩不贷。世宗的妻兄乌林答晖因贪污官钱五百贯被罢官；太子的岳父徒单贞因贪污被追赃治罪；他的亲舅、参知政事李石因“冒领粮食”也被降了职。完颜守能是金朝宗室，任西北路招讨使时曾两次受贿，虽两次数量都不足五十贯钱，但仍落得“杖二百，除名”的处罚。以上史实足以看出世宗惩治贪赃枉法之吏的决心和信心，后人也因此称赞他“终不以私恩曲庇”。

姚天福查办元世祖宠臣

姚天福是元初名臣，出身于显赫的吴兴姚氏。

他在任监察御史时，多次奏揭权臣，颇得元世祖赏识。丞相阿合马在位期间营私舞弊，专政乱权，是著名的奸相。一日，姚天福弹劾宰相阿合马的不法行径，殿上群臣顿感震惊。世祖即召阿合马对质，姚天福当殿列其罪状，才念三条，世祖就说："就此三条，已够斩首，何况其他的呢？"当众赐姚天福为"巴尔思"（蒙古语意为"老虎"），并重赏，姚天福坚辞不受。

大名府太守小甘浦系世祖宠臣，以打猎为名抢夺民财，作恶多端。御史奉命查办，反被殴打而归。姚天福受命办理此案，微服出访，索得实据，立捕小甘浦归案，后接圣旨将其释放。但小甘浦不思悔改，一日竟骑马于台门大骂御史，姚天福又将其逮捕，并从佩包中搜出向侍御史安兀失纳行贿的贿单。翌日，姚天福以赃据面见皇上论罪，世祖却说："小甘浦虽犯死罪，我免他十死，你怎奈何？"天福说："他已犯下十七次死罪，你赦免他十次，七死谁顶命？"世祖遂命人斩首小甘浦，安兀失纳被罢官。

姚天福任湖北道按察使期间，查办了辽东宣慰史阿老凡丁贪污军粮一万余石案。尽管阿老凡丁去东宫见裕宗哭诉冤屈，但裕宗说他是罪有应得。贪官权贵此后对姚天福更为惊惧。

朱元璋以严治官

明朝开国皇帝朱元璋建国以后开始整顿吏治，十分重视法律规定。有些规定非常具体，如私人携带物品除随身衣物外，附载私物不得超过十斤，每超过五斤打十大板，超过十斤罪加一等，最重的打六十大板。

他曾诏令天下："为惜民命，官吏贪赃满六十两者，一律处死，决不宽贷。"洪武十五年（1382年），朱元璋改御史台为都察院，下设十三道监察御史，纠察百官，检举弹劾贪官污吏。洪武十八年（1385年），查出户部侍郎郭桓勾结其他中央、地方官员，贪污国库物资折合粮食两千四百万石的犯罪事实。朱元璋将这些贪官统统处死，各省、府、县牵连人员无一幸免。

在战争年代，因粮食紧缺，朱元璋为严明军纪，严禁酿酒。大将胡大海的长子胡三舍犯了酒禁，朱元璋要严惩他。有人劝朱元璋说，胡大海正在绍兴打仗，杀了他的儿子，怕是会引起胡大海的反叛。朱元璋说："宁使胡大海叛我，不可使我法不行！"于是，他拔刀亲手杀了胡三舍。

为了加强对臣民的控制，朱元璋还设立了巡检司和锦衣卫两个机构，这些机构无处不在，不断揭发臣民的违法行为。此外，朱元璋在午门外特设"鸣冤鼓"，民间百姓若有冤情在地方讨不回公道，可上京击鼓直接告御状。

康熙打“老虎”

清朝的康熙皇帝对官场腐败深恶痛绝，曾诏令天下：“凡官员馈送礼物，一经发现，行贿受贿者都要被革职；若馈送礼物虽未收受，但不告发者亦罚俸一年。”

康熙二十四年（1685年），山西巡抚穆尔赛犯贪污罪，九卿议处时考虑到他功高位重而下不了手。康熙帝严厉斥责说：“穆尔赛身为高官贪赃枉法，罪行累累，如果不进行重罚，怎么能警示其他官员？治天下以惩贪奖廉为要，贪婪者惩一以儆百。”于是，清廷依据法律严惩了穆尔赛。

康熙三十六年（1697年），山西巡抚温保、布政使甘度相互勾结，贪赃枉法，盘剥百姓，导致蒲州百姓逃入山中，聚众反抗。康熙帝派倭伦前去招抚逃民，并对倭伦说：“蒲州之民如果不肯投降，就押温保、甘度到山下立斩。”

广东巡抚金隽在审查叛臣尚之信的家产时，伙同大臣宜昌阿，侵吞白银八十多万两，为自保还杀害了商人沈上达。刑部侍郎禅塔海被派去调查，却庇护金隽，并将沈上达之死定为自缢而死。东窗事发，康熙帝立即将禅塔海拘禁，并下令与金隽等人一起严议具奏，之后，见审查进展缓慢，就追问原因，一再催促，金隽最终被定为死罪。

据《清圣祖实录》统计，康熙朝内知府以上的官员因贪污罪被流放和处死者达十五人。康熙帝曾说：“别项人犯尚可宽恕，贪官之罪断不可宽。”

陈鹏年勇斗两江总督

陈鹏年是清朝官员，勤于政事，革除陋习，开仓赈灾，被康熙帝称为“天下第一能臣”。

康熙三十五年（1696年），陈鹏年任浙江西安知县。当时正逢兵灾过后，人口流失严重，地方豪绅趁机吞并了大量的民田。陈鹏年先向朝廷请呈减免赋税，然后清丈土地，归田于民，使流亡归里复业者达数千户，深得民心。

康熙四十四年（1705年），陈鹏年升任江宁知府。他的上司两江总督阿山是一个徇情枉法、沽名钓誉之徒。江宁有个和尚强夺人妻被人告上公堂，因与阿山交好受其暗中庇护，无罪开释。当地百姓敢怒不敢言。陈鹏年上任后，重新审理此案，依法惩办了该和尚，大快人心，但也因此与阿山结下了仇怨。后来，他因多次揭露阿山的贪污受贿行为，被阿山捏造罪名，关入监狱，判处死刑。

他被冤枉入狱后，江宁百姓得到消息，罢市为他呼号申冤，考生罢考抗议，小商小贩争相给他送食物，不让送时甚至不惜堵门拆墙，连驻防江宁的满族人也要求入狱见“陈青天”一面。康熙皇帝弄清真相后，下诏为他平反，并把他调入京城，放在自己身边修书。

康熙六十一年（1722年），康熙帝任命他为署河道总督，专治黄河水患。他亲自督工，睡在河堤上，日夜奋战，黄河决口终于合龙，而陈鹏年因为操劳过度，一病不起。

俞鸿图因科举舞弊被杀头

俞鸿图，清朝官员，康熙五十一年的进士。

俞鸿图在雍正十年被任命为河南学政。学政负责一省的学校教育和各种文化学术之事，举人考试也在其中。科考时，他让仆人在考试院外值班以绝考试资料传递之弊。想不到，仆人为了收受举子的贿赂，与俞鸿图的小妾林氏串通，帮助考生作弊。林氏把与考试有关的材料贴在俞鸿图的官服里面，俞鸿图穿出去，待脱下后，仆人撕下来传给外面的考生。仆人再用同样的办法把有关的材料传进考场，从中收取贿赂。

但天下没有不透风的墙。不久，河南巡抚王士俊弹劾俞鸿图，告他纳贿营私。雍正帝派户部侍郎陈树萱前往河南，会同河东总督审理俞鸿图案。谕旨十分严厉，声称如果徇情，定对侍郎和总督严惩不贷。

俞鸿图否认自己有受贿的行为，但其小妾和仆人承认了作弊、受贿的事实。在这种情况下，俞鸿图不得不认罪，承认的确有将劣等试卷当作合格试卷录取的事实，并承认接受了万余两白银的贿赂。陈树萱向刑部提出将俞鸿图处斩的意见，刑部同意并报雍正帝审批。雍正十二年（1734年）三月十二日，雍正帝批准此奏章，俞鸿图被斩立决。

军中“大老虎”年羹尧

年羹尧是清代雍正一朝的名将，驰骋疆场，立下赫赫战功，高官显爵集于一身。

年羹尧手握重权后买官卖官，收受贿赂达上百万两白银，这还不包括珠宝等奢侈品。虚报军需费用达三百多万两白银，侵吞部下俸禄和军饷达十五万两白银。比如，他弹劾直隶巡抚赵之垣庸劣纨绔，而另举荐他人。赵之垣丢官后，转而投靠年羹尧，先后送给他价值达二十万两之巨的珠宝。年羹尧就借进京之机，特地将赵之垣带到北京，力保其人可用。此外，年羹尧还借用兵之机，虚冒军功，使未出籍的家奴桑成鼎、魏之耀分别做了直隶布政使和署理副将。

雍正三年（1725年）三月，天空出现“日月合璧，五星连珠”的“祥瑞”景象。年羹尧也上表称贺，雍正帝借口他故意把贺文里的“朝乾夕惕”四个字写错，解除了其川陕总督一职，命他交出抚远大将军军印，调任杭州将军。年羹尧调职后，内外官员纷纷揭发其罪状。雍正帝以服从群臣所请为名，尽削年羹尧的官职，并于当年九月下令捉拿年羹尧押送北京会审。十二月，朝廷议政大臣向雍正帝提交审判结果，给年羹尧开列了九十二条罪状，请求立正典刑。但雍正帝为了显示自己皇恩浩荡，体恤老臣，让其自裁。

孟超然搅局总督生日

乾隆年间，孟超然考取进士后，在吏部当上了五品郎中，被派到四川任学政。

孟超然做吏部郎中时，对以权谋私的腐败官吏深恶痛绝。闽南一名富豪犯罪入狱，愿出银十万两，寻求解脱之门，想请托于孟超然。一日，孟超然与诸弟子宴聚，谈兴正浓时，有人趁机稍露意图。孟超然慢慢走到厅前，仰天叹道："难道我有什么丑行被诸位发现了吗？为什么这种话会传到我的耳中呢？"在座的人都惶悚不安。

在四川任职期间，孟超然发现该省总督贪污受贿严重。总督大人适逢寿辰，广发请帖，欲借机大捞一把。孟超然书一楹联相赠表示祝贺，总督不受。孟超然心想：楹联以自己的职衔落款，可以了吧。总督仍不受。孟超然明白了，人家是嫌礼轻，不实惠。

总督寿辰这天，孟超然来到衙署，携一把椅子坐于头门外。这时，总督的各属官络绎而至，其中抬物举银者不乏其人。孟超然拦住参加贺寿的人说："大人清廉，不收礼品。我是从吏部来的京官，只送点微物尚且不收，何况你们是他的下属，更不会收。"他还严肃地说："你们中若有借机馈赠重物、行贿拉关系的人，我一定向吏部揭发检举。"结果，送礼者都被孟超然堵了回去。

总督钱物落空，自然懊丧，可蜀中官民却为之大快。

窦光鼐打击贪官

清代窦光鼐是一位清官。他任都察院左都御史时，修改不当律例一百多条，常常废寝忘食；代理兵部左侍郎奉命祭南海时，地方官吏竞相送礼，都被他拒绝了。其父病故，有人以厚金相赠，他拒绝了，并说："我自翰林院至京城为官，从未接受过别人的礼物，哪能借父亲的丧事而谋利呢？"

乾隆五十一年（1786年），时任浙江学政的窦光鼐在乡试阅卷中发现，一位考生所写的不是试题，而是揭发知县黄梅贪赃枉法的诉状。他又收到另外两人对黄梅的联名起诉：告发黄梅在任八年，勒索钱谷、侵用田单公费钱及朋帖采买钱一万四千余两，上报亏空两万一千余两。黄梅以弥补亏空为名勒捐，勒捐的钱直接进了自己的腰包。

窦光鼐调查后发现，黄梅自乾隆四十三年出任平阳县知府后，贪婪成性，仗着自己是户部尚书曹文植的外孙女婿，便肆无忌惮地搜刮民脂民膏，激起极大的民愤。同时，他还查出浙江省七县都有亏空。

于是，窦光鼐上奏弹劾知县黄梅及其他几县知县，但奏章没能上达，他也被栽赃陷害。他抱着不要性命、不要官职的决心，星夜奔赴平阳，发动全城猛查黄梅赃证，呈给皇上。最后，黄梅被处斩，与此案有牵连的其他官员也都受到了应有的惩罚。窦光鼐因为不畏权贵受到嘉奖，升任礼部侍郎。

嘉庆反腐败

乾隆帝晚年把帝位传给嘉庆，自己做太上皇。

嘉庆四年（1799年），乾隆帝驾崩，亲政仅五天的嘉庆帝便逮捕了和珅。和珅在乾隆帝时长期掌权，贪污了巨额财富。抄家所得的所有家产，竟然相当于当时朝廷十五年的财政收入总额。

嘉庆帝对贪污深恶痛绝，不但拿和珅"开刀"，还一再颁旨整饬吏治，并严惩了多位省部级副职以上的官员。如嘉庆元年到嘉庆二年，胡齐仑掌管湖北襄阳局军需钱粮，私扣白银二万九千余两，任情馈送，嘉庆帝将其处死籍没；湖南布政使郑源因勒索下属、贪赃枉法被查抄处斩；云贵总督、漕运总督富纲因贪污被判处绞监候；云南巡抚伊桑阿因贪污被判处绞立决；总管内务大臣广头、巡漕御史英纶先后因贪污被处以绞刑等。

谏官广兴因揭发和珅，深得嘉庆帝信任，被委以掌管四川军需的重任。他不辱使命，清正自持，扫除贪风，每年为国家节省数百万两白银，嘉庆帝多次号召全国官员向他学习。然而，广兴在就任兵部侍郎之后不久，也陷入贪污的泥淖，短短一年时间就贪污了白银四万两。

嘉庆帝虽然没能从根本上遏制腐败，但对位高权重的官员的处罚也使腐败风气有所改观。

山阳冒赈案

嘉庆十三年（1808年）秋，黄河决口，淮安一带首当其冲，房倒屋塌，百姓流散，皇帝下诏发放救灾款。山阳县共领到救灾款白银九万余两，县令王伸汉谎报灾民人数冒领救灾款，缩减实发数目，贪污了白银二万五千两。

嘉庆十四年（1809年）初，朝廷派候补知县李毓昌赴山阳县查验，查出知县王伸汉虚报户口浮冒巨额赈灾款。王伸汉见事败露，便以巨额钱财贿赂李毓昌，遭到其拒绝和痛斥。他又请知县王毂为自己当说客，王毂对李毓昌说："我们都是官员，这么较真对你有什么好处呢？"结果又遭到拒绝。

当晚，王伸汉买通李毓昌的仆人，将李毓昌毒死，伪造其悬梁自尽的现场，又买通知县王毂，在验尸时包庇蒙混。嘉庆十四年春，李毓昌妻子在丈夫的遗物中发现血衣和禀帖残稿，上面写着"山阳冒赈，以利啖毓昌，毓昌不敢受，恐上负天子"，顿时对丈夫之死生疑心。其妻要求开棺重验并到京控告，王伸汉谋杀案终于败露。

此案震惊了嘉庆帝，他下令彻查。后来仆人被凌迟处死，王伸汉、王毂被抄没家产，分别处以斩、绞刑，其他收受王伸汉贿赂的八名查赈官分别被判轻重杖流，李毓昌冤案终得昭雪。嘉庆帝亲作《悯忠诗》，表彰李毓昌清正廉洁的品格，刻石立于李毓昌墓前。

彭玉麟不畏权势

晚清名臣彭玉麟是湘军水师的创建者，也是中国近代海军的奠基人。

彭玉麟任长江巡阅使，治理水师，秉公办事，嫉恶如仇，严惩恶势力，甚至不惜得罪曾国藩和李鸿章。

曾国荃是曾国藩的亲弟弟，彭玉麟发现曾国荃陆军部队纲纪废弛，还抓住了曾国荃手下两名吸食鸦片的战将。曾国藩是彭玉麟的恩师，对他恩重如山，但是彭玉麟却不顾师生情谊，三次上书弹劾曾国荃，致使曾国藩大怒，写信给他责问自己的弟弟到底哪里得罪了他。

有一年，彭玉麟路过安庆，忽然有老百姓拦马喊冤，状告当地恶霸李秋升。李秋升是李鸿章的侄子，仗着权倾朝野的李鸿章的势力横行乡里，夺人妻女，地方官不敢过问。经调查，彭玉麟掌握了足够的证据，便把李秋升抓来审讯，李秋升认为彭玉麟不敢把他怎么样，对罪行供认不讳。彭玉麟断然下令："此人不除，安庆难安宁。"一会儿，巡抚、藩台都来求情，彭玉麟吩咐接待，却让小吏赶快杀了李秋升。彭玉麟写信给李鸿章说："您的侄子确实败坏您的名声，想来您也是恨他的，我已代您处理完了。"李鸿章无奈，只好回信感谢他。

彭玉麟的所作所为赢得百姓的称赞，当时的民间流传着一段佳话："彭公一出，江湖肃然。"

钱沣反贪不畏强权

清代钱沣为人刚直不阿，为官清正廉洁，敢于谏议弹劾贪官污吏，先后举劾山西巡抚毕沅和山东巡抚国泰。

国泰升任山东巡抚后，与布政使于易简狼狈为奸，贪赃索贿，不出几年就把山东各州县的仓库掏空了。钱沣就任江南道监察御史不到一年就察觉了国泰、于易简二人贪赃枉法的罪行，于是上奏弹劾，但是当时负责调查此事的和珅与国泰私交不浅。乾隆帝下令彻查此事后，尚未启程的和珅就派家仆暗中去给国泰通风报信，让他早作防御之策。

钱沣想到和珅会使出这一招，便提早将和珅的家仆拦截了下来，扣留了和珅写给国泰的密信，但是风声还是很快传到了国泰等人耳中。于是，国泰临时筹借大量市银填补亏空，妄图以市银冒充库银躲过朝廷的追查，但库银以五十两为一锭，与市面上流通的银两并不相同。对于这一点，国泰等人也都清楚，但事到临头，他们也没有其他办法。钱沣当然不会让他如此轻易地蒙混过关，仔细查看之后，如实向朝廷报告了国泰贪赃枉法并以市银冒充库银的罪行。最后，国泰和于易简都被判处死刑。

新中国反腐第一刀

刘青山、张子善案是“三反”“五反”运动时期惩处的一个要案，也是中国共产党反腐倡廉历史上浓墨重彩的一笔。

刘青山、张子善分别于1931年、1933年入党，他们都是经历过土地革命、抗日战争和解放战争严峻考验的老革命。新中国成立后，二人未能严于律己，很快蜕化变质。据查，其主要犯罪事实有：一是利用职权，盗用飞机场建筑款，克扣地方粮、干部家属救济粮、民工供应粮等公款，用于经营他们秘密掌握的所谓“机关生产”；二是勾结奸商，从事倒买倒卖的非法活动；三是二人生活腐化堕落；四是破坏国家政策。他们以高薪诱聘国营企业的三十一名工程技术人员，成立非法的“建筑公司”，从事投机活动；五是盘剥民工，将国家发给民工的好粮换成坏粮，抬高卖给民工的食品价格，从中渔利达二十二亿元。

公审刘青山、张子善的大会召开前，曾有党内的老同志找到薄一波，要薄一波向毛主席求情，是否可以不枪毙二人。当时主持全国“三反”工作的薄一波向毛主席反映了这个情况。毛主席说：“正因为他们两个人的地位高、功劳大、影响大，所以才下决心处决他们。只有处决他们，才可能挽救二十个、二百个、两千个犯有不同程度错误的干部。”

纪律

严明军纪

■ 中国历史上名将如云，也出现了许多战斗力惊人的优秀军队。制定、培养与执行严格的军队纪律是确保军队令行禁止，一切行动听指挥，巩固与提高战斗力的重要保证。无论是统一天下的开国帝王，还是结束战乱的军中将帅，大多重视用严肃的军纪治军练兵、带兵打仗，治军方略享誉天下。

孙武练兵

春秋时期，有个伟大的军事家名叫孙武，后人也把他称为“孙子”，尊为“兵圣”。他以兵法觐见吴国国王阖闾，阖闾让他训练宫女。

孙武把宫女们分为两队，让吴王宠爱的两个妃子分任两队队长，命令所有的人都拿着戟，教授了一些基本的军事动作，然后宣布军法纪律，又展示了军中的刑具。之后，孙武才击鼓传令让她们向右看，宫女们却放声大笑。孙武说：“纪律不明确，申述的命令不能让人熟记在心，这是将帅的罪过。”于是，他又三番五次地宣讲纪律，然后击鼓传令让其向右看，宫女们仍旧大笑不止，尤其是两个队长，笑得前仰后合。孙武说：“纪律已经明确了却不依照法令去做，这就是下级士官的罪过了。”说着就预备将左右两个队长推出去斩首。吴王从台上看到两个爱妃将被斩首，大为惊骇，赶忙派遣使者传令说：“吴王非常喜欢这两个妃子，没有她们将寝食难安，望将军恕罪。”孙武说：“我既然已经受命为将，处理军队的事情，君命有所不受。”说完，就把两个队长斩首示众了。

之后，宫女们左右前后跪起都符合军令要求，再没有人敢嘻嘻哈哈了。很快，这支队伍就像模像样，而孙武也被任命为将军。

司马穰苴斩庄贾

春秋时期，晏婴推荐司马穰苴为齐国将军。

司马穰苴接受任命时对齐景公说："我地位卑微，感谢国君如此提拔重用，但是担心士兵们会不服从我的命令，希望国君派宠信的臣子来做监军，配合我的工作。"于是，景公派了宠臣庄贾去做监军。

司马穰苴和庄贾相约第二日正午在军营门口会合，然后入营整军。但是，庄贾这个人一向自以为是，认为自己是监军，不把这件事当回事儿。家人和亲朋好友为他送行，他就留下来一起喝酒。一直到中午，庄贾都没有如期到达约定地点。对于庄贾漠视军法的行为，司马穰苴严厉斥责，即刻叫来军中执法官员，在景公说情使者到来之前，将庄贾斩首示众。

景公知道消息后，派使者拿着符节来赦免庄贾。使者的马车进入军营，司马穰苴说："将领在军中时，国君的命令有的可以不接受。"又问军中司法官："军营中不许驾车快奔，现在使者违反了军纪，该怎么处置？"司法官说："应该处斩。"使者非常害怕，司马穰苴说："国君的使者不能杀。"他便杀了使者的仆人，斩断了左边车厢外立着的一根木头，还杀了左边驾车的马，以警戒三军。

吴起精心打造的魏国武卒

吴起是战国时期卫国的将领。魏国的武卒很有名，这些武卒就是吴起训练的精锐步兵。吴起率领魏国武卒南征北战，战绩惊人，共进行了七十二次比较大的战役，六十四次大获全胜，其余不分胜负。

据《荀子·议兵篇》记载：吴起手下的魏武卒，身披三层重甲，头戴铁盔，能开十二石的强弩，每人背五十只弩矢，拿着长戈或铁戟，腰带利剑，携带三天的作战粮草，半天能走一百多里。魏武卒的选拔极其严格，能成为其中一员，所享受的福利待遇优厚。国家不但免除其全家的赋税徭役，还奖给田宅。魏武卒都是强悍的精兵，战斗力首屈一指，成为当时中国最精锐和彪悍的步兵之一。

入选武卒的士兵，生活好、待遇高，但部队的纪律也是十分严格的，一切行动必须坚决听从指挥，否则严惩不贷。一次，吴起领兵和秦人作战，两军尚未击鼓交锋，不待上级令下，有个士兵擅自行动，冲上前去杀了两个敌人回来，脸上刚泛起得意的笑容，就被吴起下令斩首。吴起的理由是：此人虽然勇敢，但不按命令行事，触犯军纪，必须斩首。

吴起不仅讲求重罚，更注重重赏，他将军功分为“上功”“次功”，根据不同的军功给予不同的奖励。对立有大功的人不仅本人升职提拔，家属和子女也予以重赏。

周亚夫执纪如山

汉代周亚夫功勋卓著，以勇敢善战、严守军纪著称。

一次，汉文帝要来边境慰劳军队，先去了驻扎在灞上和棘门的军营，文帝一行人直接骑马进入营寨，很快完成了慰军之事，将军跟部下骑马相送。

接着文帝到达细柳，这里驻扎着周亚夫的军队。文帝的先行官到了想直接进去，守岗的卫兵竟然不让进，先行官说皇帝马上就到，卫兵答道："将军有令，部队里只听将军的号令，不听其他任何人的命令。"

过了一会儿，文帝也到了，仍旧不能进入军营。于是，文帝便派使者持符节诏告将军："朕想进入军营慰问军队。"周亚夫这才传令打开军营大门。守卫军营大门的军官对文帝一行驾车骑马的人说："将军有令，在军营内不许策马奔跑。"于是，文帝等人就拉着马的缰绳缓缓前行。

一进军营，周亚夫手执武器对文帝拱手作揖说："身着盔甲的武士不便跪拜，请容许我以军礼参见陛下。"文帝对他肃然起敬，恭敬地还了礼，称谢道："天子敬劳将军！"劳军礼仪完毕后才离去。

出了营门，群臣议论纷纷。文帝说："这才是真正的将军！前面所经由的灞上和棘门的军队如同儿戏，匈奴若偷袭，俘虏那里的将军轻而易举；至于周亚夫，谁可以侵犯他呢？"说罢，文帝称颂周亚夫，并传令重赏。

挥泪斩马谡

三国时期，蜀国丞相诸葛亮为了完成先帝的遗志，率领大军北伐。临行前，诸葛亮再三嘱咐镇守街亭的马谡："街亭虽小，关系重大，它是通往汉中的咽喉。如果街亭失守，我军必败。"让他靠山近水安营扎寨，谨慎小心，不得有误。

魏将司马懿灭孟达后，出兵街亭抵御蜀军。马谡违背诸葛亮的嘱托，且不听副将王平的劝阻，生搬兵法，屯兵山上。张郃进军街亭，侦察到马谡舍水上山，心中大喜，立即挥兵切断水源，掐断粮道，将马谡部队围困于山上，然后纵火烧山。蜀军饥渴难忍，军心涣散，不战自乱。张郃命令军队乘势进攻，蜀军大败。马谡失守街亭，战局骤变，迫使诸葛亮退回汉中。

马谡回营后，自缚跪于诸葛亮帐前。为了严肃军纪，诸葛亮下令将马谡革职入狱，斩首示众。临刑前，马谡上书诸葛亮："丞相待我亲如子，我待丞相敬如父。这次我违背命令，招致兵败，军令难容，丞相将我斩首以诫后人，我罪有应得，死而无怨，只是恳望丞相以后能照顾好我一家妻儿老小，这样我死后也就放心了。"诸葛亮听罢，百感交集，老泪纵横，强忍悲痛，斩杀马谡，全军将士无不为之震惊。

曹操割发代首

东汉末年，军阀混战，民不聊生，怨声载道。当时作为丞相的曹操非常清楚赢得民心的重要性，因此对军队的纪律非常重视，三令五申地要求军队必须遵章守纪。针对有些士兵行军作战时不注意保护群众利益的现象，曹操特意制定了严格而具体的法令。其中一条是：战马踏坏百姓庄稼者，处以斩首。

一次，曹操的战马因突然受到惊吓，窜入田中踏坏了几棵青苗。监察官员一看是最高统帅的马踏坏了庄稼，又情有可原，当然不好定罪。但曹操不肯原谅自己，一面抽打战马，一面抽出战刀就要自裁。这时，身边的侍卫赶紧拦住，众僚属也赶紧进言相劝，说："丞相，您是国家的顶梁柱，为了国家的利益您也不能自杀，马踏青苗是因马受惊，情有可原，就是按军纪制裁也应该宽大处理。"曹操却严肃地说："纪律刚刚颁布，如果因我而不执行，今后别人就没有办法执行了。"

众僚属建议说："是不是可以变通处理呢？比如割发代首。"最终，曹操同意作变通处理，自己用战刀割下一把头发，以示警诫。此后，曹操的军队经过麦田时，都下马用手扶着麦秆，小心翼翼地过去，没有一人敢践踏麦子，老百姓看见了，没有不称颂的。

吕蒙整顿军纪

吕蒙是三国时期的东吴名将，曾长期据守陆口，与据守江陵的蜀国大将关羽对峙。

219年，关羽率领主力部队北征，与曹军大战于襄阳、樊城一带，无暇顾及江陵。吕蒙率领水师趁机进攻荆州要地江陵。

由于关羽部将糜芳、傅士仁投降，吕蒙率军很快就到达江陵。然后，吕蒙下令整肃军纪，规定：进入江陵城后，对关羽手下的将士、眷属和百姓财物不得求取，违令者斩首。

吴军攻占江陵后，将士严守军令。一天深夜，天降大雨，将士暂时龟缩于百姓的檐房之下。吕蒙的同乡，一名叫吕贵的士兵，看到铠甲被雨淋湿，内心十分痛惜，遂入民舍索取一只旧斗笠盖在铠甲上。

天亮的时候，吕蒙巡视将士，慰问疾苦，发现了百姓的斗笠，随即追问。他对全军将士说："拿百姓的斗笠来盖盔甲，违背了军纪。对这种惜铠甲如生命的行为，我向全军嘉谕。然而违犯军纪必须受到处罚，即使是老乡也无情面可言！"吕蒙随即下令将吕贵斩首。

自从这件事后，军营里人人畏惧，路上遗失的东西都没人敢去捡了。

陶侃治军

陶侃是东晋时期的名将。陶侃带兵时，军纪严明又爱兵如子，在军队中威望极高。他两袖清风，一心为公。每当打了胜仗、清点战利品时，他都全数分赏给众将士，深得人心，士兵都愿意听他驱遣。

陶侃严于律己，对下属的要求自然也很严格。一次，他看到下属聚集在一起喝酒、赌博，便命令他们将酒器、赌具都投入江中并狠狠鞭打将领，说："赌博是牧猪奴的游戏。《老子》《庄子》浮华不实，不是先王的明法正言，实不可行。君子当正其衣冠，振其威仪，哪有蓬头垢面、不修边幅的呢？"

一次，陶侃外出，看见一个人手拿一把未熟的稻谷，陶侃问："你拿它做什么？"那人答道："在路上看见，就随意拔一些玩玩罢了。"陶侃大怒，说："你既不种田，为什么要毁坏农夫的庄稼？"陶侃抓起那人抽了一顿鞭子，百姓引以为鉴，勤于农事，家中充足。

陶侃也很注意培养下属节俭的好习惯。一天，士兵们在江边造船，陶侃让大家把剩余的木屑和铁钉捡起来收好，大家都不明白他的用意。某天，天降大雪，议事厅积满了残雪，陶侃命人将收藏的木屑拿来铺在地上，大家行走十分方便。很久之后，陶侃率军讨伐蜀地，需要组装船只，陶侃收藏的铁钉居然发挥了大作用。这时，大家才明白陶侃的良苦用心。

杨素心如铁石

杨素，隋朝权臣，杰出的军事家。

杨素治军极严，手下人违背军令者一律处斩，从不宽贷。每次打仗，因违背军令而被处斩的人，多时上百人，少时也有几十人。

杨素心如铁石，战场上血流成河，他却谈笑自若。北方的隋政权和南方的陈政权，曾经打了多年的仗，陈朝士兵经常割隋军死者的鼻子去邀功请赏。杨素却对陈朝的俘虏实行优待政策，对俘虏不杀不辱，慰劳后还全部释放。杨素对陈朝百姓秋毫无犯，深得民心。

每次打仗前，杨素从不指挥全军压上，而是先派一二百人上前厮杀，务必要求取胜，不能取胜而败下阵来的，无论剩下多少人，全部斩首。之后，再派几百人上前厮杀，如前而战，不能取胜的再全部斩首，直到取胜为止。

杨素的部下极其敬畏他，作战时皆抱必死之心，所以杨素戎马一生未尝败绩，伐陈时致使“江海无波”，以至于陈人见到稳坐在大船上威风凛凛的杨素不禁感叹：“杨素简直就是江神也！”杨素虽严酷，却对随他征战的将士微功必录，上奏皇帝请功封赏，绝不是一味杀伐的屠夫。将士们在杨素手下虽然有被杀的危险，但是立功封侯的机会更多，所以都愿意跟随他出征。

段秀实

唐代中叶，名将段秀实从泾州任上被征召入朝时，告诫家属："经过岐州时，朱泚可能会赠送钱物，千万不要收下。"后来过岐州，朱泚执意要赠送三百匹大绫，段秀实的女婿韦晤坚决拒收，但朱泚一再坚持，韦晤无奈，只好收下。到了京城，段秀实把礼品送往司农的办公处，安放在屋梁上。段秀实遇害后，司农寺官吏把他拒受绫的事告诉朱泚，朱泚将大厅房梁上的绫取下一看，三百匹大绫原封未动。

段秀实任泾州刺史时，郭子仪时任天下兵马副元帅，权倾朝野。其子郭晞为检校尚书，领行营节度使，驻扎在邠州。郭晞的军队军纪涣散，士兵抢夺财物，捣毁器物，干了不少坏事。当地官员白孝德碍于郭子仪的权位，且为其部下，不敢弹劾。段秀实自愿作白孝德的执法官，将杀人越货的十七个士兵斩首示众。郭晞的士兵极为不满，想聚众闹事。段秀实只身入营拜见郭晞，说："令尊郭子仪副元帅勋塞天地，你今天纵容手下干坏事，必定会连累您父亲。这样，郭氏的功名还能留下多少？"听了段秀实的话，郭晞下拜说："您直言相劝，恩情甚大。我一定约束士卒，听从您的教诲。"郭晞对身边的士兵喝道："还不解甲归营，今后再有敢闹事者，一律处死！"段秀实当夜特意留宿郭营，郭晞彻夜不眠，予以保护，邠州形势就这样安定了下来。

李光弼锄奸

至德元年（765年），李亨登基为唐肃宗。此时唐军遭受潼关败绩，长安刚失守不久。于是，唐肃宗任命李光弼为户部尚书兼太原尹，率郡兵开赴太原。李光弼是营州柳城人，其父是左羽林大将军李楷洛。

当时，太原节度使王承业不理军政，军政大权旁落到御史崔众手中。崔众看不起王承业，纵容部下带着兵器闯进节度使府衙嬉戏玩闹。崔众的各种恶劣行为导致军纪日益松弛，政令得不到执行。

李光弼来到太原后，要求崔众交出兵权。崔众带着部下来见李光弼，李光弼出来迎接。二人相会时，崔众违背规矩，没有交出兵权，李光弼便下令将崔众逮捕。

这时，朝廷派遣宦官来到河东，要任命崔众为御史中丞，手持敕书问李光弼崔众的行踪。李光弼答道："崔众犯法，我已将他逮捕。"宦官把敕书拿给李光弼看，李光弼说："如今只不过是杀一位侍御史；如果宣布了诏命，我就斩杀一位御史中丞；如果拜他为宰相，我也要斩杀他这位宰相。"宦官一听此话不敢再多言，只好带着敕书回京。

次日，李光弼公开处斩崔众，还让他的亲属来祭吊。从此，李光弼威震三军。

腰斩亲子

刘仁赡是南唐的大将，任清淮军节度使，镇守寿州。寿州经济繁荣，交通发达，是历朝兵家必争之地。

显德三年（956年），柴荣亲征淮南，准备攻打南唐的北方防线。眼看着攻不下寿州，柴荣便改变策略，开始攻打淮南其他地区，孤立寿州。很快，滁州、泰州、扬州、舒州等地都被周军占领。

显德四年（957年），柴荣再次亲征淮南。此时寿州城中的刘仁赡已近花甲之年，因日夜督军守城而病倒了。眼看着内无粮草外无救兵，寿州城中的官兵渐渐有了投降的念头，这其中就有刘仁赡的小儿子刘崇谏。

一天夜间，刘崇谏趁着父亲病重，偷偷划着一条小船想要渡过淮河投降周军，结果被南唐巡防的军队抓获。刘仁赡知道后怒斥刘崇谏，接着便下令要将刘崇谏腰斩。刘仁赡帐下将领纷纷苦劝："少将军年少，一时糊涂，还请大将军刀下留情，为刘家留条血脉。"无论众将如何哀求，刘仁赡都不答应。

监军使周廷构到中门大哭，想以此来营救刘崇谏，刘仁赡仍不答应。周廷构又派人去向刘夫人求救，刘夫人说："执行军法不可偏私，如果饶恕了他，我和他父亲还有什么脸面去见将士们呢！"刘崇谏最后被腰斩而亡，将士们都深有感触，泪流不止。

岳飞赏罚分明

岳飞是南宋的抗金名将，位列南宋中兴四将之首。

岳飞从严治军，赏罚分明。凡涉及军纪的事，一律严格要求，严肃处理，取人一钱者，必斩。岳家军有个士兵曾在湖口县人项某那里购买薪柴，项某爱其不扰，自愿少收两文钱，那个士兵坚决不肯，说：“我怎么能用这两文钱来换我的脑袋呢？”岳家军将士行军经过乡村时，一般露宿在村民家门外，百姓开门接纳，士兵也不敢进屋。

岳飞对违抗军令、破坏军纪者，不管亲疏远近、官职大小，严惩不贷。傅庆是一位深受岳飞喜爱的部将与朋友，可他高傲骄狂，心怀异志，屡犯军纪。楚州一战后，岳飞奖赏有功者，他争功抢赏，扰乱军心，岳飞毫不宽贷，亲手烧掉了傅庆的战袍，碎其金带，忍痛传令，将傅庆斩首示众。

还有一次，岳飞的儿子岳云不慎打碎了父亲下令挂起的免战牌，岳飞让左右士兵将其绑去砍了，并说：“众位将军，我的儿子尚不能遵守军纪，又怎么能服百万之众？”众将见此情景，再三请求岳飞免其死罪而令其前去迎战金兵。在牛皋的保状下，岳飞才准许放了岳云，让他将功折罪。

岳家军严整的军阵，享誉宋金军内，就连大金国头领也不无感叹地说：“撼山易，撼岳家军难。”

朱元璋从严治军

徐达，明朝开国军事统帅，淮西二十四将之一。

一天，军营中悄悄传扬着徐达违犯军纪被朱元璋当场抓获的消息。许多将士都兴奋地小声嘀咕道：“人非圣贤，孰能无过？要求我们严守军纪，这也不让做，那也不让干，徐达这么大的官违犯军纪，看你怎么处理？”

在出兵攻打镇江的誓师大会上，朱元璋命人把徐达五花大绑地推到将士面前，对其严加申斥道：“大胆徐达，你依仗与我的交情和战功，竟敢不把军纪放在眼里。倘若不将你严加治罪，军法威严何在？我将何以服众！传令下去，将徐达斩首示众，以其项上人头为我军出征祭旗。”众将士吓得面色苍白，李善长等谋士慌忙跪下恳求道：“我军出征在即，先斩大将，是为不祥。徐达违犯军纪本该处斩，但念其初犯，况将才难得，请允许其戴罪立功，以观后效。”众将士则全跪下为其求情。

朱元璋见将士们群情肃穆，思虑再三，才宣布饶徐达不死，命其领兵出征镇江，立功赎罪。处置徐达后，朱元璋又声色俱厉地告诫将士们：“我自起兵以来，未尝妄杀，今你等出师镇江，当体我心。破城之日，不得烧杀抢掠，有违信令者，当军法处置，杀无赦！”全军上下对朱元璋的军令无不战栗，徐达率军攻入镇江后，号令严整，老百姓竟都不知道有战事发生过。

于谦首创团营制度

中国古代军队实行的团营制源于明朝，是于谦在军制改革上的一大建树。

京军三大营是五军营（步兵）、三千营（骑兵）、神机营（火器兵）的合称，也是永乐皇帝朱棣为守卫皇宫、保卫都城建立的中央精锐部队。但时任兵部尚书的于谦深感京军三大营体制很不适应作战的需要。于是，于谦在景泰帝和多数朝臣的支持下，分三步进行改革。

第一步，试行各兵种混合编制。从步兵、骑兵、火器兵诸兵种中挑选十万精兵，混合编成五个营，每营编两万人。

第二步，精选将校。选拔团营将校的标准是勇谋兼备。

第三步，严格操练。要求把总以下军官天天操练，团营之间要经常进行合练。为了检查将士的操练情况，于谦时常突然到教场点阅。

团营将士经过严格操练，部队军容严整，纪律森严，战法灵活，节制自如。团营制在抗击瓦剌军攻边作战中，发挥了整体威力，屡打胜仗，充分显示出这种编制体制的合理性和优势。

戚家军列队寒雨而不乱

明代的戚家军以纪律严明著称，主要有群众纪律、作战纪律、防奸保密纪律、日常生活纪律及宽待俘虏的纪律等。在群众纪律方面，戚家军要求“冻死不拆屋，饿死不掳掠”，买卖公平，老幼无欺；军队每到一地宿营，不侵民不扰民，先由负责借宿的军官与百姓商定好后，听到统一号令，方可入民宅安歇。在追歼倭寇的战斗中，倭寇为了死里逃生，将抢来的大量金银财物抛下，企图扰乱戚家军的军心。但是，戚家军将士对倭寇抛下的金银财物视而不见，无一拾取；对倭寇紧追不舍，奋勇冲杀。

戚家军的胜利建立在严格甚至是严酷的军法基础上：若因作战不力而战败，主将战死，所有偏将斩首；偏将战死，手下所有千总斩首；千总战死，手下所有百总斩首；百总战死，手下所有旗总斩首；旗总战死，手下队长斩首；队长战死，而手下士兵没有斩获，十名士兵全部斩首。

隆庆三年（1569年）二月，为整顿军风军纪，戚继光带领三千浙兵经过一夜的千里跋涉，清晨抵达蓟州，在郊外待命。此时恰逢大雨，戚继光命令部队在寒雨中列队。戚家军将士军容严整，肃然不乱。戚家军列队寒雨的故事，在明军中传为佳话，为戚继光大规模地整训长城一线驻军树立了楷模。

赵良栋军令如山

赵良栋是清朝名领，河西四汉将之一，在平定吴三桂叛乱中立有大功。

康熙十八年（1679年）大年初一，赵良栋率兵直取川江上游敌军的重要据点白水坝。赵良栋到达白水坝时，正值江水上涨，对面敌军的箭像雨点般射过来，士兵们面对湍急的江水和敌人的严密防守，不愿冒险出战。赵良栋以身作则，身先士卒，骑着战马冲进了急流。不料江水湍急，将他连人带马冲翻在江中，当亲兵们七手八脚把他扶上岸时，他又策马扬鞭，向对岸冲去。将士们见主帅悍不畏死，士气大振，纷纷骑上战马抢先渡河。叛军在对岸见此情景，不禁惊呼道："此老将军军令如山，不可敌也！"叛军不敢恋战，纷纷逃窜。赵良栋顺利占领白水坝，率兵长驱直入，仅用十天时间就打到了成都城下。

三藩之乱被彻底平息时，昆明城内珍宝、财物堆积如山。这无疑是趁机发财的好机会，进城的清军将领纷纷大肆抢夺财帛，唯独赵良栋没有抢夺财物。昆明城破之日，赵良栋令军队主动撤到城外的曲靖驻扎，不许一骑入城，违令者斩。在赵良栋的严令下，宁夏子弟兵保持了良好的军容和风纪。《宁夏府志》称赞赵良栋"国初良将，论者以良栋为最"。

曾国藩组建湘军

曾国藩是晚清名臣，湘军的统帅。将清朝的世兵制改革为募兵制，也是曾国藩建立湘军的重要举措。

曾国藩还规定："招募兵勇，须取具保结，造具府县、里居、父母、兄弟、妻子名姓、箕斗清册。各结附册，以便清查。"凡无保者，概不招募。曾国藩的这一做法，完全是承袭了明末抗倭名将戚继光的募兵思想。曾国藩对绿营的编制也进行了改弦更张。湘军的编制以营为基本作战单位，营以下设哨，哨以下陆师为队，水师为船，马队为棚。湘军之始，营以上不再设官，各营全辖于曾国藩一人。其后营数增多，才有统领和分统的称谓。曾国藩要求以将必亲选、兵必自找、层层节制的原则组建军队，自统领至兵勇都是逐级进行募选，改变了绿营中"兵与兵不相知，兵与将不相习"的弊病，也明显暴露了建立私家军队的用心，从此开创了近代中国"兵为将有"的先例，军阀拥兵割据的局面也初显端倪。

曾国藩在治军方略上主张用儒家学说治军，即用封建伦理纲常去教育官兵，以仁礼忠信作为治军之本去陶冶官兵，目的就是要以此来维系军心，培植出一支绝对服从于自己的私家军队。他认为："用兵者必先自治，而后制敌。"曾国藩的军事思想影响了好几代人。

袁世凯严明军纪

清光绪二十一年（1895年），袁世凯奉旨在小站督练新建陆军。这是中国现代军队的开始，他制定的《简明军律二十条》规定了十八种违规行为要处斩。其中，《查拿逃兵法》规定，在小站附近各道口隘派员设卡，专门抓捕逃兵，每捉到一名，赏银二十两。逃兵被抓回，“以军法从严惩办”。新建陆军常常集合全军处决逃兵，杀一儆百。

《简明军律二十条》中有两条为罚律，其中之一即是关于赌博，犯者插箭责罚。任民国总统后，袁世凯以法令的方式禁赌，1912年6月颁发《中华民国暂行新刑律》，对一般赌博者、以赌博为常业者、开设赌场者、发行或者贩卖彩票者规定了不同的自由刑和罚金刑，对未进行赌博的上述人员或虽实施但未获利的未遂犯，也规定应定罪处罚。

清末的烟馆是重要的社交场所，风气败坏，袁世凯任直隶总督时，设立了二百余个戒烟分所，先后铲除烟馆八百多个，查获秘密贩烟案一千三百起。在禁止种植罂粟方面，他多次颁布晓谕，若有偷种的人家，将立即铲除烟苗，并将其土地充公。当选民国总统后，袁世凯更是规定吸食鸦片的人要立即戒除，贩卖鸦片的人也要立马停止经营，种植罂粟的人若不将烟田改种他物，就一律治罪，凡是故意放纵种植罂粟的官员，按情节轻重予以惩治，期间颁布禁烟令至少有七次。

纪律

榜样示范

■ 中国共产党人是中华传统文化的忠实继承者、弘扬者和建设者。在党的历史上，产生过许多讲规矩、守纪律的优秀典范，他们都是中国特色优秀纪律文化的人格载体。党的十九大报告将纪律建设纳入新时代党的建设总要求，这是一个重要的理论和实践创新。在新的历史条件下，学习这些先进典型，可以帮助我们转变工作作风，更好地为民族图复兴、为人民谋幸福。

弄清女儿没出卖组织再营救

何叔衡是党的创始人之一。

1930年7月，何叔衡从莫斯科回国后，组织安排他留在上海主持中国革命互济会的工作，他的两个女儿何实山、何实嗣被组织安排在上海一家秘密印刷党的文件的印刷厂里当装订工。

然而，团聚的时光是短暂的。先是何实嗣的丈夫在一家印刷厂被捕，接着何实山、何实嗣所在的印刷厂也遭到敌人破坏，两姐妹被捕入狱。不久，又传来了何实山的丈夫在长沙因为叛徒出卖被捕的消息。虽然何叔衡已经做好随时为革命牺牲的思想准备，但亲人们先后落入敌人的魔爪，仍给他带来沉重的打击。其他同志得知消息后，第一时间要营救何家姐妹，何叔衡却表示，等一等再行动。

面对敌人审讯的何家姐妹，牢记父亲的话，装着年轻不懂政治，一口咬定只是为了糊口才受人雇佣来搞装订工作，并说自己是第一次来做工。敌人问询印刷厂的情况时，她们一概回答不知道。最后，敌人看何家姐妹实在不像共产党员，就暂时把她们关了起来，没有急于刑讯逼供。

此时，何叔衡从各方面打听到被捕的两个女儿没有暴露身份，这才向党组织提议营救她们。两姐妹经由党组织的保释出狱了，何实嗣的爱人经历八个月徒刑后也出狱了，但何实山的爱人却牺牲了。

去与留组织决定了就是纪律

1933年3月，从莫斯科回国的林伯渠辗转来到中央苏区，先后担任临时中央政府国民经济部部长和财政部部长。由于“左”倾错误的影响，第五次反“围剿”失败，中央红军被迫战略转移。中央通知林伯渠随军转移，与他结婚不到一年的妻子范乐春时任优待红军局的局长，是闽西根据地有名的女干部。按照规定，林伯渠可以带家属转移。然而，范乐春生下儿子尚未满月，组织上考虑到闽西根据地的工作需要和带婴儿的实际情况，决定把她留在闽西根据地坚持斗争。

得知这一消息的林伯渠十分惆怅。当时，走和留都面临很大的困难：走，八万红军要从敌人铁桶般的围困中突围，前途未卜；留，国民党大军压境，留下来的同志担负着牵制敌人、开展游击战争的重任。面对这一艰难的抉择，他发出“去留心绪都嫌重”的慨叹。但林伯渠明白，走与留都是革命的需要，既然组织已经决定，那就是纪律，就要执行。

当林伯渠匆匆赶回家并把组织的决定告诉了妻子，范乐春听后，心里十分难受，默然无语。林伯渠反过来安慰她说：“我们都是党的儿女，革命的需要高于一切，多少同志已经在我们前头流尽了最后一滴血！想到他们，我们就不应该难过了！”不幸的是，妻子病死了，儿子几经收养，直到新中国成立后才找回。

视死如归的邓中夏

1933年5月，邓中夏不幸被捕，后来被押往南京。国民党想挑拨他对共产党的不满，说："你是共产党的老前辈，现在却受莫斯科回来的那些小辈欺压，连我们都为你感到不平！"邓中夏轻蔑地说："这是我们党内的事，你有什么权利过问？一个患深度杨梅大疮的人，有资格嘲笑偶尔伤风感冒的人吗？"

一次，一名国民党的要员前来劝降，他对邓中夏说："你这么强硬，难道不想出去，不想获得自由吗？"邓中夏哈哈大笑道："我未进来前，倒想到有一天会进来。现在进来了，却从未想过要出去。你们活着和狂吠的日子也不久了，中国人民和英勇的红军会结束你们的一切罪行！"

狱中秘密党支部派人暗中与他取得联络，对他说："大家想知道你的政治态度如何。"邓中夏一听，连说："请告诉同志们，我邓中夏就是烧成灰，也是共产党人！"支部领导听后，深为感动，马上动员大家掏钱为邓中夏买饭，并说："他是我们党的中央委员，不能让他最后的日子那么苦。"难友们纷纷捐钱，托看守到狱外餐馆订饭。

邓中夏以自己坚如磐石的信念击败了敌人的多次劝降，1933年在雨花台英勇就义，牺牲时年仅三十九岁。

谢觉哉不搞特殊化

1933年11月，谢觉哉来到瑞金县检查政府工作。他发现县苏维埃主席杨世珠只谈工作成绩，不谈问题，还一口一口地叫着“老首长”“德高望重的老领导”。中午，瑞金县苏维埃财政部部长蓝文勋大摆酒席，为中央领导接风。谢觉哉当场发怒，说：“毛主席每天的生活标准也只有三钱盐、二钱油、八两米，办公到深夜，都是以南瓜充饥。在苏区，谁也不准搞特殊化，更不允许用公款吃喝。”谢觉哉派工作组突击查账，发现会计科科长唐达仁侵吞各基层单位上缴的款项两千余元，又顺藤摸瓜，查出集体贪污四千余元的大案。

回到苏区中央机关后，谢觉哉向上级建议说：“必须立法建规，昭示天下，以便广大群众监督。”几天后，谢觉哉便按照上级的指示，与项英、何叔衡等人讨论研究，起草了《中央执行委员会关于惩治贪污浪费行为的训令》，规定凡贪污公款五百元以上者处以死刑，其他的贪污腐化行为也都要受到严厉惩处。这一文件是我党惩治腐败的第一项法制条文。最终，杨世珠受到警告处分，蓝文勋被撤职查办，会计科科长唐达仁交法庭处以极刑。

宁死不屈的刘伯坚

“弟准备牺牲，生是为中国，死是为中国，一切听之而已。”1935年3月，刘伯坚在狱中写信给大嫂，如是说。

此前的3月4日，时任赣南军区政治部主任的刘伯坚留守在中央苏区坚持游击战争。在江西信丰塘村面对敌众我寡的不利形势，他指挥部队突围，身中数弹，不幸被俘。对国民党而言，这是一位红军的大人物。早先，国民党就悬赏五万银元追捕他，并将他的照片发到各“围剿”部队。所以，没过多久刘伯坚就被指认出来。

敌人多次诱降无效，给他戴上十多斤重的铁镣，押着他游街，妄图从精神上瓦解他的斗志。刘伯坚昂首挺胸，表现出共产党员宁死不屈的英雄气概，使敌人的诡计破产，还写下浩然正气的《带镣行》。敌人逼迫刘伯坚指认所有被俘的人，刘伯坚望着朝夕相处的战友，摇摇头说：“我不认识他们。”后来，许多被俘的同志被当成普通战士和一般群众释放了，出狱后继续从事革命工作。

在生命最后的日子里，刘伯坚与敌人抗争的同时，也给家人写了几封家书。3月16日，他给大嫂写信，信中嘱咐说，不要去找与他有交情的国民党要人冯玉祥、于右任等人来营救他，如果去求他们说情，便是“丧失革命者的人格”。1935年，刘伯坚怀着真理必胜的坚定信念，牺牲于江西大余，时年四十岁。

执行纪律是起码的觉悟

1935年5月，红一军团的一个工兵连组成中央红军先遣队，率先向大凉山彝民区进军。在通过彝民区前，红一团团长和政委对工兵连进行了动员。他们强调：因为彝民不了解红军，所以我们必须以实际行动取得彝民的信任；无论如何不准向彝民开枪。

一切准备就绪后，工兵连便跟在侦察连后向彝民区进发。工兵连刚走进一个山谷，许多彝民便拿着大刀、长矛呐喊着冲了上来。几个彝民挤到连长身边，通信员小刘要上前挡住他们。他们一下就把小刘按倒在地，用脚踩住他，连枪带衣服都被抢了个精光。连长见此情景，一气之下，拔出手枪，周围的战士们也"哗啦"一声拉开枪栓。猛然间，连长想起了党的政策、军队的纪律和上级的命令。连长马上收回了枪，向周围的战士命令道："不准开枪！谁开枪谁就违反了党的政策。"结果，他们的枪都被抢走了，衣服也被扒了。回去的路上，他们碰到了后面的红军部队，被好一顿嘲笑。

刘伯承和小叶丹顺利结盟后，彝族同胞交还了抢去的衣服、枪支，红军再向彝民区开进时，获得了彝民的高声欢呼，红军战士们明白：当彝族同胞错把红军当"官军"时，就会像对待国民党军队一样对待红军；一旦他们了解了红军，就会像对待亲人一样支持红军。

背着金条讨饭的苏维埃主席

刘启耀，江西省苏维埃政府主席，也是中国共产党好干部的杰出代表。第五次反“围剿”时，中央苏区被敌人包围，经济困难。刘启耀想尽办法节省革命经费，自己背米到机关吃，不要公家发放的伙食费。他老婆开玩笑说：“老公老公，饭要我供。”他笑呵呵地说：“革命成功，吃穿不穷。”他要求所有工作人员“必须十二分的节俭，否则就会成为革命的罪人”，因为他逢会必讲“十二分节俭”，所以大家都称他为“十二分节俭主席”。

红军长征后，他带领游击队坚持斗争。在敌人重兵“围剿”下，游击队最后不得不分散突围。突围前，省委书记曾山把一个褡裢交给他保管，里面装有金条、首饰和银元，这是江西省委的全部活动经费。在突围中，刘启耀死里逃生，但与组织失去了联系。他只好隐姓埋名，走村串寨，乞讨度日。谁也不会想到，这个衣衫褴褛、蓬头垢面的叫花子会是大名鼎鼎的江西省苏维埃政府主席；更不会有人想到，这位风餐露宿、饥寒交迫的乞丐居然腰缠万贯。即使在最困难的时期，刘启耀保管的活动经费也分文未动。直到抗日战争爆发，党在吉安建立了新四军通讯处，刘启耀才把珍藏的巨款连同清单悉数交给了办事处负责人之一的贺怡，由贺怡转交给了新四军总部。

左权和马夫的故事

1939年秋，在太行抗日根据地，左权带领八路军总部人员和特务团与日军“扫荡”部队周旋。

战斗结束后，左权率领的八路军队伍在大雨中沿着泥泞的山路回撤。队伍路过一片庄稼地时，只见已经收割好的莜麦、小黑豆等一捆一捆地倒在田里。由于战事吃紧，乡亲们来不及将这些庄稼收回家，就匆忙向山上逃命去了。

此时，一个部队的马夫从田里抱了一捆莜麦，准备喂他牵的那匹马。左权见状，走出队伍行列，沿着田间小路来到马夫跟前，拉住他问：“你是八路军吗？”马夫小心地放下莜麦，低着头，站着不动也不说话。好一会儿，马夫才开口说：“马已经一天一夜没有吃草了。”“没有草，你就抱老百姓的莜麦吗？”左权脸色发青地说。他转身用手指了一下正在有序行进的队伍，继续说：“我们的人一天没有吃饭，没有吃饭还得打仗，为了谁呀？就是为了老百姓。八路军的战士，为了老百姓能把自己的性命交出去。我们绝不能拿老百姓的一针一线，这是革命纪律。马饿死了，也不能偷老百姓的粮食。”马夫羞愧地涨红了脸，向左权敬了个军礼，然后将那捆莜麦放回了原处。

雷锋从不旷课

雷锋，1940年出生于湖南望城县简家塘村的一个贫苦农民家庭。雷锋十几岁时，在清水塘小学读书。从简家塘到清水塘要走十六七里路。雷锋遵守学习纪律，无论下雨、刮风还是下雪天，他从不旷课，也不迟到。雨雪天，他没有木屐和胶鞋，就锯了两个短竹筒拴在脚下当木屐，穿了赶去学校。

一个冬天的早晨，天纷纷扬扬地下起了大雪，雪越下越大，北风呼天吼地地刮着。雷锋推开大门，冷风吹得他直打哆嗦，但他还是决定去上学。六叔奶奶对他说："孩子，这么大的雪，你没有伞，又没有雨鞋，路不好走，别去上学了！"雷锋没有同意，戴上斗笠，背上书包，一步一滑地走向学校。

经过一个同学的家门口时，那个同学说："雷锋，雪下得那么大，不去上学老师也不会批评咱们的。"雷锋摇了摇头说："上学又不是为了老师，再说，缺了课违反了学校的纪律，会影响学习的，不能不去！"在雷锋的带动和劝说下，那个同学连忙背起书包，和雷锋一起上学去了。雷锋总是能克服困难，按时上学，从不旷课，遵守纪律。他学习成绩很好，每次考试，每科的平均分数都在九十分以上。

赵镈坚守优良传统

抗日战争时期，赵镈任鲁南区党委书记兼鲁南军区政委。但他始终把自己看作革命队伍中的普通一员，廉洁奉公，始终以共产党员的纪律严格要求自己，从不搞特殊化。他身患肺结核、胃病、关节炎等多种疾病，组织上考虑到他的身体状况，发给他一瓶鱼肝油丸，他却不肯服用，马上派人送到医院，给伤病员补养身体。

在一次战斗后，部队缴获了一部分小麦，后勤部门悄悄给赵镈留下了一百公斤小麦。赵镈知道后，不讲情面，对有关人员进行了严厉批评，并派人磨成面粉，送给党校改善党员生活。有人说他是老一套，他答道："这个老一套是党的优良传统，万万不能丢。"

赵镈同志有很强的群众观念，对侵犯群众利益的行为从不姑息。一次，部队行军经过敌占区青竹湖一带。他发现身后的马正在吃田里的大豆，立即批评了警卫员小任，教育他说："不论在根据地还是在敌占区，都要紧密依靠群众。"当时有个县长贪污腐化，群众影响极坏。经查实后，赵镈立即召开区委会议，给予这个县长撤销党内外一切职务、开除党籍的处分。

董必武在西柏坡

1947年4月，中共中央从延安撤离到山西临县的三交镇，董必武来到了西柏坡，房东阎志林把自己最好的北院腾出来让董老一家和战士们住。董老嘱咐战士们要爱护老乡的东西，尊重老乡。

阎志林家院子里有一棵很大的柿子树，结了很多柿子。深秋一刮大风，时常有柿子掉下来。董老对战士们说，要遵守纪律，不要吃老乡的东西，落到地上的柿子，要捡起来送给房东。秋后战士们同房东一起收柿子，阎志林夫妻俩很热情，送来一大筐柿子，执意叫大家吃。董老反复同房东讲，这柿子我们不能要，你们收获这些柿子也不容易，还是拿回去到集市上换些生活用品吧。但房东就是不肯，董老劝不过，就让战士们先收下，随后董老同妻子商量了一下，拿了些小孩穿的衣服和棉被送给了房东。

在西柏坡，董老经常外出视察，参加各种会议。一次，他到武安县冶陶镇参加解放区第一次财经会。当地产的棉花很好，老百姓织布的手艺高超，布织得很好，当地政府和老百姓拿出一些布送给中央首长。这事让董老知道了，他严厉地批评了警卫员和秘书，让他们把布匹送回去，并告诫他们，今后外出工作，不论是地方政府送的，还是老百姓送的东西，一律不能收。

六尺白布

1948年，任弼时的小儿子任远远才六七岁，人们都习惯叫他的小名远远，远远还有个姐姐叫远志。从延安到西柏坡时，远远带来一辆小自行车，虽然已经很旧了，但远远十分爱惜它，每次骑过以后都擦一擦。

一天，姐弟二人骑车出去玩，回到家里擦车时，远远看着车身上瓷漆脱落的地方十分心疼，就央求姐姐给车子做件车衣，远志答应了。那时实行的是供给制，用什么东西都得到后勤处领取。远志开了个领六尺白布的条子，把批条交给了警卫员邵长和。小邵拿上批条，领回了布。这件事情很快被任弼时知道了，他让小邵把远志和远远叫来。

人都到齐后，任弼时问："你们要做车衣吗？"远志答道："是的，爸爸。""有必要吗？"任弼时追问道。远志没有马上回答。任弼时严肃地说："全国虽然快要解放了，可是我们的国家还很穷，前线更需要物资支援，建设新中国也需要大量的资金。毛主席说'节约一个铜板，为着中国革命和世界革命'。毛主席还穿着补丁衣服，你们为什么要做车衣呀？"远远虽然小，却十分懂事，他听了爸爸的话之后，看了看姐姐，说道："姐姐，咱们不做车衣了，把布退回去吧。"他们从办公室里出来，回到宿舍，远志把布交给小邵，由小邵把布交还给仓库保管员。

张闻天不许儿子坐公车

张闻天是忠诚的马克思主义者、杰出的无产阶级革命家和理论家、中国共产党的早期重要领导人。

新中国成立初期，张闻天当时家住沈阳。他八岁的儿子虹生见爸爸出门经常坐小汽车，自己也想坐，可是总得不到允许。

一天，小汽车开到家门口后，虹生灵机一动，趁爸爸还没有上车，来了个捷足先登。他偷偷地钻进小汽车里一动也不动。张闻天上车后，突然发现儿子坐在车里，就让儿子赶快下去。但儿子说什么也不下车，并对张闻天说：“爸爸，我一次小汽车都没坐过，让我坐坐吧！”张闻天对儿子说：“这车是党和国家给我工作用的，小孩子可不能用它享受，你要坐车，坐公共汽车去！”

儿子怎么都不愿意，张闻天干脆对司机说：“把车子开回去，我走着去！”司机劝他说：“路那么远，您还是坐车去吧。孩子还小，坐一回也没什么。”“不行，不能让他养成这个习惯。”说完就步行去开会了，儿子自然没坐成小汽车。

滕代远训子

滕代远，湖南省怀化市麻阳县人，1925年参加中国共产党。

滕久昕是滕代远最小的儿子，十六岁就从北京去了内蒙古牧区插队。时任全国政协副主席的滕代远，没想任何办法把他留在身边。后来，滕久昕应征入伍。一次，他到北京办事，同学听说他回来，特意请他吃了一顿饭。随后，他借了六十元公款回请同学。不久，他在信中将此事告诉了父亲。对此，滕代远非常生气，提笔回信训诫道："干部子弟应养成艰苦朴素的作风、坚守吃苦耐劳的品质，绝不能娇生惯养，到处讲排场、摆阔气。这不是一般的生活作风问题，而是思想觉悟问题。"滕代远还随信给儿子寄去六十元钱，令其马上归还公款。

滕代远虽身居高位，却能平等对待家人，别人的孩子可以下乡，自己的孩子也没什么两样。当孩子显露出讲排场、摆阔气的倾向时，他更是毫不留情地严肃批评。

在儿女的心目中，滕代远既是一位慈爱的好父亲，又是一位身体力行、循循善诱、帮子女们树立共产主义信念的引路人。子女认为，滕代远逝世后，虽然没有给他们留下任何的物质遗产，但是留下了一笔弥足珍贵、用之不竭的精神财富：一位老红军战士、老共产党员顶天立地的革命气节和一份视人民为衣食父母的公仆情怀。

南京路上好八连

1949年6月，解放军某部八连进驻上海南京路执行警卫任务。八连的战士们来自五湖四海，大多在穷苦中长大，从枪林弹雨中走来。初进南京路时，他们连自来水都不会用，守着抽水马桶还到处找厕所，按一下电灯开关，会被灯泡突然发出的光吓一跳。

八连有一口行军锅，是老同志从硝烟弥漫的战场上带回上海的，炊事员王景全十分爱惜它，换底多次，仍在使用。张继宝曾是放羊人，在战争年代就有一个针线包，放在他的行军包裹里，后来全连刚入伍的战士都会收到老战士的一件礼物——针线包，就是让新同志不要忘记人民军队勤俭朴素的传统，自己缝补衣服。老班长陈光品的衬衣缝了三十八个补丁还没有扔，长袖改短袖，照常穿着，而他却把崭新的衣服捐给灾区人民。

1956年的一天，部队通讯员吕兴臣给《解放日报》记者张锦堂送来一张自拍的新闻照片：灯红酒绿、歌舞升平的南京路夜景中，一位战士手握钢枪正在站岗，神情威严。不日，照片以《南京路上的哨兵》为题在《解放日报》上刊登。毛泽东一生只作诗赞颂过一个连队，那就是“南京路上好八连”。

伟大的战士邱少云

邱少云出生于四川铜梁县关建乡的一个贫农家庭，是中国人民志愿军一级英雄。他1949年12月参加中国人民解放军，1951年赴朝鲜作战。

1952年10月，邱少云所在部队雄赳赳气昂昂地开赴平康前线。部队进入阵地后，上级命令他们抢攻“三九一”高地。连长的作战方案是：战斗的前一天晚上，部队秘密运动到敌人的阵地前沿，像“定时炸弹”一样埋伏在敌人鼻子底下，一直等到第二天黄昏，再突然发起冲锋，在敌人措手不及的情况下将其一网打尽。战士们都觉得这个打法妙极了，但是连长说：“方案也有一定的危险性，在敌人面前几十米处，借树木、蒿草伪装掩护，几百人要潜伏二十几个小时，这得需要多大的耐心和毅力。要是有一个人暴露了，就会影响到整个战斗的胜利和全体同志的安全。”但战士们不怕危险，都保证一定完成任务。

10月11日夜，邱少云和他所在的排潜伏在高地东麓旁的一个土坑边，距离敌人只有六十多米。12日上午，敌机向其所在的潜伏区进行低空扫射，并投掷燃烧弹，飞迸的燃烧液燃遍他全身。为了不暴露目标，邱少云任凭烈火烧焦身体也一动不动。他双手深深地插进泥土里，身体紧紧地贴着地面，直至壮烈牺牲。他用生命换取了整个战斗的胜利，是勇于自我牺牲、严守纪律的楷模。

不贪不占的“六星上将”

洪学智在1955年和1988年两次被授予上将军衔，人称“六星上将”。

一次，洪学智去部队调研。在乘车返回的途中，他发现车上多了一小口袋花生，立即追问是怎么回事。工作人员报告说，这是基层官兵的一点心意。洪学智立马火了，说：“我们吃住都在部队，给人家添了那么多麻烦，走了还拿部队的东西，哪有这样的道理？”洪学智又说：“现在社会风气有不好的一面，共产党员自己更要做好，用守纪律、守规矩的实际行动去引领社会风气。”

洪学智一向坚持轻车简从，部队招待用餐严格执行“四菜一汤”的规定。一次，洪学智到总后的一个直属单位调研。第一天晚餐时，洪学智没等菜上齐，吃过四道菜后就说吃饱了，起身便走。第二天晚餐时，上菜速度加快了，不等洪学智吃饱饭，已经上了六七道菜。洪学智不高兴地问：“今天为什么要加菜？昨天四个菜不是很好吗？”到了第三天晚餐时，虽然还是四道菜，但是每道菜都换成了一大盘子，并且每一个大盘子里都放了好几样菜。洪学智问：“你们还有比这更大的盘子吗？”接着，洪学智语重心长地说：“你们想让我吃好点、多吃点，是一片好心，但是菜多了，一是破坏了规矩，二是造成了浪费，三是有可能损害健康，何苦呢？”

还是按次序看好

徐特立是毛泽东和田汉等著名人士的老师，备受尊重。

一天，徐特立同志到北京医院看病，候诊室的长靠背椅上坐满了人，都在按顺序排队。徐老的警卫员一看这么多人，有点急了，心想：徐老是最爱惜时间的，就这么等着，得浪费多少时间呀！于是，他低声问道："徐老，人太多了！我去跟医院张主任说一声，给您先看，好不好？"徐老连忙摆摆手说："不行，不要告诉他，还是按次序看好，稍等一下没关系。"警卫员有些不高兴，徐老拍了拍他的肩膀，轻言细语地说："自己的时间宝贵，别人的时间就不值钱吗？我们要是不按次序看病，别人就要多等。无论做什么事情，总要替别人想一想，不能只想自己一个人方便。再说，你找张主任，咱们跟他熟就特殊照顾，不按次序看病，如果熟人都不遵守制度，他这儿的秩序还怎么维持呢？"警卫员觉得徐老说得很有道理，就陪徐老一起排队等着了。

还有一次，省主席张治中约谈徐特立。徐特立走到省政府门口时，门卫拦住说："今天张主席会见八路军代表，别人免进。"徐特立称自己便是，门卫打量了一番，全然不信，还把他轰走了。张治中久等不至，派人再去八路军办事处相请，得知原委后，对比国共两党的作风，对共产党人更为钦佩。

特级战斗英雄杨根思

杨根思，江苏泰兴人，1944年参加新四军，作战勇敢，屡立战功，被誉为“爆破大王”。

1947年，在齐村战斗中，国民党军守敌旅长李玉堂在被新四军包围五天的情况下，企图依附工事据守待援，时任九班副班长的杨根思接受了团长下达的爆破圆形大碉堡的任务。杨根思抱着炸药包冲到大碉堡前，放好后正要拉弦，猛然听到碉堡里的敌人正吵嚷着要投降，但领头军官不同意。杨根思当机立断，抱起炸药包跳入交通壕，一脚踢开碉堡门，大喝一声：“缴枪不杀，谁敢顽抗，通通报销！”说着，就做出要拉弦的姿势，一看这阵势，碉堡内近一个排的敌人都乖乖地爬出来缴了枪，战后评功，杨根思被授予“华东一级人民英雄”称号。

在抗美援朝战争中，他率领全排战士先后多次打退敌人在飞机、大炮掩护下的八次疯狂进攻。当美军发起第九次进攻时，杨根思抱起最后一个五公斤重的炸药包，毅然冲入敌群，与四十多个敌人同归于尽，用自己的血肉之躯保住了阵地，完成了切断敌人退路的阻击任务。战后被追授“特级战斗英雄”称号，他生前所在的连被命名为“杨根思连”。朝鲜最高人民会议常任委员会授予杨根思“朝鲜民主主义人民共和国英雄”称号和一级国旗勋章等，还在他牺牲的地方竖立了“杨根思英雄纪念碑”。

陶铸“说不多吃就不多吃”

陶铸同志到基层，总是事先约法三章：不准迎送，不准请客，不准送礼。他让随行人员监督检查，具体落实。他下乡蹲点，从来都是轻车简从，坚持与群众“同吃同住同劳动”；特别反对摆阔气、讲排场，坚决反对假公济私；在广州工作和生活多年，居住的房子从来没有更换过。住房维修时，因维修费超过了预算，他还将自己多年的积蓄上交给机关，以补维修款之缺。

1961年前后，国家正处于困难时期，陶铸对自己的生活标准作了严格的规定。他一再向炊事员交代，家里吃的米和油等生活物资，必须和人民群众一样，绝对不准搞特殊化。一天，炊事员找到一点瘦肉，心想陶铸爱吃辣椒炒瘦肉，便自作主张，高高兴兴地炒了一碟端了去。陶铸一看就火了，当场批评炊事员说：“我这个月的猪肉已经吃完了，怎么又弄来炒菜？说不多吃就不多吃！端回去！”炊事员感到很为难，劝了又劝。陶铸听完就更火了，就是不吃，厉声命令炊事员把菜端走。最后，炊事员只得把这碟菜送给了工作人员。事后，炊事员对人说：“领导真厉害！想不到他会发这么大的火，以后再也不能这样干了。”

干部楷模焦裕禄

焦裕禄是革命烈士，也是干部楷模。1962年，他调到河南省兰考县任县委书记。

一次，国家给兰考县拨来一批救济棉花，救灾办公室的同志看到焦裕禄的棉袄补丁摞补丁，决定照顾他三斤，让他做件新棉袄。焦裕禄的妻子徐俊雅拿着三斤棉花票，等焦裕禄一进家门，就兴奋地跟他商量做新棉衣的事。焦裕禄一听是“照顾”他的东西，开口就说：“那不行。”稍停，他平心静气地对妻子说：“别说我身上穿的袄了，就是咱那床几十个补丁的旧被子，也没让你少做针线活。可是兰考县现在还有好多群众缺衣少穿，救灾物资是给群众的，这棉花咱咋能要？我是领导，可不能搞特殊啊！”徐俊雅知道说不动丈夫，就怜爱地叹口气道：“你呀！”最终，妻子还是把棉花票退回了救灾办公室。

1963年春节，因连年灾害，兰考县的肉类和副食供应都比较紧张。县委办公室的一位同志就给焦裕禄家里送来了几斤肉。焦裕禄问他：“人人都有份吗？”这位同志答道：“要过年了，书记们工作忙，顾不上买肉，这是特意照顾几个领导同志的。”焦裕禄听后对这位同志说：“谢谢了，我家的肉已经买好了。请你把肉提回去，看办公室还有谁没买，这肉就照顾谁吧。”他还嘱咐这位同志，以后不要再单独照顾领导了。

生活不搞特殊化

罗荣桓元帅经常告诫家人，一个革命者想的应该是为人民多做一些有益的事情，不能因为地位不同了、身份变了，就要求额外的照顾和特殊的享受，搞特殊化。

在生活中，罗荣桓常常身体力行，以实际行动教育子女。1947年7月，罗荣桓从莫斯科治病回到哈尔滨，全家被安排住在市区一处很宽敞的独立庭院里。他多次向有关部门提出将这处庭院挪作公用，自己另找一处房子住。

一次，罗荣桓去时任东北民主联军政治部主任的谭政家，见其住的是二层小楼，就对他说："我们跟你们搭个邻居怎么样？你家住楼上，我们住楼下。欢迎吗？"谭政起初以为是句玩笑话。但没过两天，罗荣桓一家真的搬来了。罗荣桓对家人说："住的房子大小看来是不起眼的事情，但我们是党的干部，要时时想到生活在基层的人民群众，不能官越做越大，住的楼越来越高。"罗荣桓还说："生活不要搞特殊化，一味追求舒适的生活，讲究吃穿，贪图享受，会变质的。"

1963年12月16日，罗荣桓在弥留之际嘱咐妻子："我死以后，分给我的房子不要再住了，搬到一楼的房子去，不要搞特殊化。"他还交代子女说："我没有遗产留给你们，就留一句话：坚信共产主义这一伟大真理，永远干革命。"罗荣桓给子女甚至全党留下了不可估量的精神财富。

李坚真身后不留分文

李坚真作为老一辈革命先驱，从早年参加革命活动到新中国成立后历任省纪委书记、省委书记等职，始终如一坚守信仰、克己奉公，献身于祖国革命和建设事业六十多年，身后没有为亲人留下一分钱。她自觉带头树立良好家风，言传身教，引导家人常怀律己之心，规范言行举止，继承优良品德，关于她的廉洁故事流传至今。

李坚真有个侄子叫建强，其父原是丰顺县小胜供销社的干部，1985年时，已经到了退休的年龄。当时，建强很想“顶替”退休的父亲，跳出农门。那个时期前后，许多人也是通过“顶替”，办理“农转非”，吃上了“商品粮”。

那年建强四十一岁，已经超过四十岁的界限，申请材料被主管部门退了回来。建强心里很不是滋味，日思夜想，最后想到了姑姑李坚真。他认为就是一岁之差的事情，只要姑姑说说话，让有关部门照顾自己一回，实现愿望应当不成问题。后来，建强带上申请书，到省城找到了李坚真，希望她能帮自己解决问题。出乎建强的意料，李坚真听后却是沉默。许久，她才慢慢地说：“共产党不能世袭，不能一代做官，就要代代做官。你的事情，我不能开口，更不能批准。”